AF606993

"LUZ Y TINIEBLAS, BENDECID AL SEÑOR"

La sierva de Dios
Carmen Hernández Barrera
en Barcelona, 1962-1964

Breve estudio histórico

Desclée De Brouwer

Jorge Borrell Calonge - José Casas Canellas

"LUZ Y TINIEBLAS, BENDECID AL SEÑOR"

La sierva de Dios
Carmen Hernández Barrera
en Barcelona, 1962-1964

Breve estudio histórico

Presentación del Arzobispo de Barcelona,
Cardenal Juan José Omella Omella

Autores: Jorge Borrell Calonge - José Casas Canellas.

Título: Luz y tinieblas, bendecid al Señor.

Subtítulo: La sierva de Dios Carmen Hernández Barrera
en Barcelona, 1962-1964. Breve estudio histórico.

Diseño gráfico y maquetación: Co.Art srl

Presentación del Arzobispo de Barcelona, Cardenal Juan José Omella

En portada: Carmen delante de un crucifijo
del Museo Marès (Barcelona).
La foto no es de los años 1962-1964, sino posterior;
la fecha es desconocida.

Henao, 6 - 48009 Bilbao
www.edesclee.com
info@edesclee.com

Impreso en España
ISBN: 978-84-330-3988-0
Depósito legal: BI-01615-2025
Impresión: Grafo S. A. - Basauri

A Kiko, Carmen y p. Mario

Índice

Presentación

Tengo el placer de presentar un primer estudio sobre la presencia de Carmen en Barcelona en los años 1962-1964, nueve años antes de la que será su segunda llegada a la ciudad, cuando Kiko Argüello y Carmen (fundadores del Camino Neocatecumenal) fueron llamados a dar catequesis en la parroquia de María Auxiliadora en Sarriá (Barcelona).

Barcelona ha sido un lugar clave en el camino de crecimiento espiritual y humano de la protagonista de este libro. En el año 1962 Carmen vivió en Barcelona sus últimos meses en la Congregación de las Misioneras de Cristo Jesús, a la que tanto quiso. En Barcelona, esperando que el Señor le mostrara cuál sería su vocación, empezó a vivir entre los pobres y a trabajar en varias fábricas de la ciudad. En Barcelona, junto con varias amigas, proyectó irse como misionera a Bolivia. Desde Barcelona inició su peregrinación a Tierra Santa en el mes de agosto de 1963. Y a Barcelona regresó en el mes de julio de 1964, desde donde unos días después se desplazó a Madrid. Estos hechos, presentados por los autores —dos miembros de las Comunidades Neocatecumenales de Barcelona— son inéditos en gran parte y desgranados aquí cronológicamente, se leen con mucho interés.

De sus escritos, los autores nos muestran que uno de los acontecimientos más importantes para ella en este tiempo fue el encuentro con el sacerdote de esta Archidiócesis don Pedro Farnés Scherer. El Señor, a través del p. Farnés (1925-2017), le sirvió "como primicia" los contenidos esenciales del Concilio Vaticano II (1962-1965): sobre todo, el Misterio Pascual, eje y fuente de la vida cristiana. La presencia de Carmen en Barcelona coincide precisamente con las primeras sesiones conciliares.

Carmen recordaba que en sus sufrimientos Mn. Farnés fue para ella como un ángel consolador, pues mediante él Dios le dio a entender que los hechos que estaba viviendo, tenían un sentido. Decía: *"En Barcelona Dios me hizo una gracia enorme porque yo entendí que todo lo que me estaba pasando a mí era el misterio de Pascua"*. Fruto de la predicación de Kiko Argüello y Carmen Hernández en Barcelona (en 1971) es la presencia del Camino Neocatecumenal en varias parroquias de la Ciudad. Su carisma específico y su vitalidad representan un gran don de Dios para nuestra Archidiócesis. Agradezco su esfuerzo por unirse a la acción pastoral diocesana, a la vez que les animo a avanzar más por ese camino.

Que el hacer presente la historia de Carmen Hernández en nuestra ciudad (1962-1964) nos ayude a dar gloria al Señor por todos los favores que de Él recibimos, y nos afiance en la misión de anunciar la Buena Noticia de la Resurrección de Jesucristo a esta generación.

Juan José Cardenal Omella Omella
Arzobispo de Barcelona

Introducción

El objeto de este breve estudio histórico es el de documentar la presencia de Carmen Hernández en Barcelona (1962-1964) a partir, fundamentalmente, de algunos de sus cuadernos, agendas, cartas y menciones autobiográficas[1]. Mediante estos escritos nos gustaría poder entrar en el ánimo de Carmen, en su inmenso amor a Jesucristo; pero este trabajo no pretende ser una biografía, sino empezar a crear, más modestamente, una base documental de su vida, de las personas e instituciones que aparecen en dichos documentos y que abarcan los tres períodos de su presencia continuada en Barcelona:

1. Del 11 de enero al 28 de agosto de 1962 (7 meses y 17 días);
2. Del 11 de noviembre de 1962 al 5 de agosto de 1963 (8 meses y 25 días);

---

[1] Las cinco agendas y seis cuadernos de Carmen Hernández del periodo 1961-1964 han sido recogidos por el Centro Neocatecumenal Diocesano de Madrid en un volumen: "Vol. 30 - Diarios íntimos y escritos Londres, Barcelona, Tierra Santa 1961-64" (PDF); se citarán así, p. ej.: "Vol. 30, p. 33 (P 3)", entre paréntesis el número del cuaderno o agenda. Las cartas de Carmen han sido recogidas por el Centro Neocatecumenal Diocesano de Madrid en dos volúmenes: "Volumen 18-1 - Cartas personales 1955-1968" (PDF) y "Volumen 19 - Cartas personales" (PDF); se citarán así, p. ej.: "1962-03-16 Carta de Carmen Hernández a M. Joaquina - Vol. 18-1 CNC 39". Otras cartas, fuera de los Vol. 18 y 19, se citarán así, p. ej.: "1961-12-21 Carta de Pedro Farnés a la Madre Pilar Bobillo AGMCJ 109". Las intervenciones de Carmen en convivencias, pasos, encuentros, han sido recogidas por el Centro Neocatecumenal Diocesano de Madrid en diecisiete volúmenes (PDF). En estos 17 volúmenes hay numerosas menciones autobiográficas de Carmen (MA) que se citarán así, p. ej.: "Vol. 4, p. 12 (MA)".

3. Del cinco al once de julio de 1964 (siete días).

El estudio narrará cronológicamente su estancia en Barcelona (1962-1964); a él se adjuntarán también algunos anexos (planos, fotografías, apéndice, etc.).

Estos dos años (1962-1964) fueron para Carmen un sucederse o un coincidir de luz y tinieblas. Las fuertes tensiones que Carmen vivió en esta fase de su vida se produjeron en el contexto de sus últimos meses en la Congregación de las Misioneras de Cristo Jesús (Enero-Agosto de 1962). Ella afrontó esta situación con mucho dolor y con gran fe, como también lo hicieron las superioras y hermanas de su Congregación.

A este le seguirá otro periodo difícil, también en Barcelona, de unos diez meses, de búsqueda a tientas —en tinieblas— de la voluntad de Dios. Carmen regresará entonces a la Ciudad Condal, vivirá en varios barrios pobres, trabajará en diferentes fábricas, emprenderá con algunas compañeras el proyecto de una nueva misión, congregación o instituto en Oruro (Bolivia) y finalmente acogerá la inspiración, verdaderamente providencial, de peregrinar a Tierra Santa, que orientará su vida hacia una nueva dirección que todavía desconocía.

El cinco de julio de 1964 retornó a Barcelona, después de pasar once meses en Tierra Santa, y finalmente, una semana después, dejó Barcelona para irse a Madrid.

Son, pues, varias y fascinantes las etapas de su vida en Barcelona que aquí se exponen cronológicamente; algunos hechos de la vida de Carmen que se refieren son inéditos y salen a la luz por primera vez.

Como veremos, entre los acontecimientos que se suceden en la vida de Carmen en este corto período de tiempo, destaca sobre todo el encuentro con el sacerdote barcelonés p. Pedro Farnés Scherer (1925-2017) y sus clases sobre la Pascua. Estas fueron para Carmen mucho más que la ocasión de aprender unas meras nociones litúrgicas. Ella nos dice que en la catedral de Barcelona, en la Semana Santa de 1962, celebró de verdad la primera Pascua en su vida sintiéndola profundamente, viviendo en su propia carne lo que celebraba. Carmen vivió estos "contenidos" existencialmente.

En medio de estas y otras tinieblas que se sucederán en la vida de Carmen fue esta una luz potente que no se apagó nunca más y que, como ella misma declaró, dio sentido a toda su existencia.

Es sorprendente y edificante a la vez ver cómo Carmen vivió e interpretó estos intensos acontecimientos desde la fe, desde su carácter indómito, desde su amor a su "dulcísimo Jesús" y a la Iglesia, hechos que la llevaron, finalmente, a saber de Kiko Argüello en Madrid el mes de julio de 1964. Ella reconocía con gran convencimiento que fue Dios mismo quien desbarató todos sus planes y quien la llevó a Madrid (el último lugar donde quería ir, como ella confesaba) a encontrarse con Kiko Argüello. El presente estudio termina en este momento.

Con Kiko —que también provenía de una *kenosis* espiritual y de un encuentro profundo con el Señor— Carmen asistió unos años después al nacimiento de una comunidad de hermanos en las chabolas de Palomeras Altas fruto de un *kerygma* vivo. Después, este *kerygma* se concretó en una síntesis catequético-litúrgica y de las chabolas esta experiencia —el Camino— pasó a las parroquias estructurándose como un proceso de iniciación cristiana post-bautismal para adultos.

Son cinco los Pontífices (San Pablo VI, el beato Juan Pablo I, San Juan Pablo II, Benedicto XVI y Francisco) que han reconocido el Camino Neocatecumenal como un don de Dios para la Iglesia en una época en que un nuevo paganismo se está afirmando cada vez con más fuerza en nuestra sociedad. Muchos son los frutos que esta Iniciación cristiana ha dado, está dando y con la gracia del Señor seguirá dando también en nuestra ciudad de Barcelona a la que Carmen siempre recordó y amó particularmente.

Los autores, quienes escribimos, somos Jorge Borrell, responsable de la 2ª comunidad neocatecumenal de la parroquia de las Santas Juliana y Semproniana de Barcelona y José Casas, presbítero de la 1ª comunidad neocatecumenal de la parroquia del Sagrat Cor de Sabadell (Barcelona). Los resultados obtenidos son escasos. Han pasado más de sesenta años desde la llegada de Carmen a la Ciudad Condal y su presencia en ella no superó los dos años en su conjunto. Hemos buscado y rastreado cuanto ha sido posible, queda aún mucho por hacer.

Deseamos agradecer a cuantos nos han ayudado y animado en la elaboración de este pequeño trabajo. En primer lugar a Charlie Metola, Postulador diocesano de la causa de Beatificación de Carmen Hernández, al p. Jesús Sánchez, Presidente de la Comisión Histórica de dicha Causa y al Centro Neocatecumenal de Madrid. Al p. Ezechiele Pasotti por sus consejos y sugerencias. Así mismo, damos las gracias a Francesc Matencio y a Albert Gil por la revisión de los textos, a Segundo Tejado por la revisión de las fotografías, a Laura Ricci, d. Luis Gahona Fraga y Paolo d'Innocenzo por la obtención de varios testimonios y a Agnese Coghe por la maquetación del libro.

Nuestra gratitud, sobre todo, a Carmen Hernández de quien, junto a Kiko Argüello y al p. Mario Pezzi, -y ahora Ascensión Romero-, hemos recibido tanto: el anuncio de la Fe y la formación en ella, el revivir con una comunidad cristiana la extraordinaria riqueza de nuestro bautismo, etc.; y también a nuestros catequistas: p. Manolo García, Mariano y Maru, José Martrat y Pili, Jesús Sotil y Donatella.

Nuestro agradecimiento es a Dios por su Hijo Jesucristo y el don del Espíritu Santo que nos ha guiado y animado con gozo en este nuestro pequeño trabajo.

Barcelona, 19 de julio de 2025
Jorge Borrell Calonge y José Casas Canellas

I

11 de enero - 28 de agosto de 1962

Primeros meses en Barcelona

Carmen Hernández llegó a Barcelona a primera hora de la tarde del once de enero de 1962[2], dos semanas después de que en Roma el Papa San Juan XXIII convocase el Concilio Vaticano II con la Constitución Apostólica *Humanae salutis*. Llegó procedente de Londres, lugar donde el Instituto de las Misioneras de Cristo Jesús —al que pertenecía desde 1953— la envió para que aprendiese inglés, en vista de un posible destino a la India. Pensaba que desde Londres saldría a aquel país, pero un año después sufrió —como ella dijo tantas veces— un "desvío aéreo" y, en vez de aterrizar en India, se encontró en Barcelona. Carmen salió, pues, de Londres precipitadamente el 9 de enero de 1962, obedeciendo a cuanto la madre vicaria del Instituto le había comunicado un mes antes en un escueto telegrama[3]. Dos días más tarde llegaba a Barcelona.

Intuía que el de Barcelona no iba a ser un tiempo fácil. Carmen recordaba que, cruzando el Canal de la Mancha, Dios le hizo presente a Abraham: ella iba a Barcelona con la promesa, con Isaac, con su vocación misionera. Ir a Barcelona significaba ir al monte Moria (Tibidabo) para ofrecer a Dios esta promesa, este hijo, esta vocación que sentía desde su infancia: iba a ofrecerle todo su futuro[4].

---

[2] Cf. Vol. 30, p. 149 (P 2). Cf. *Horario guía de ferrocarriles*, Octubre 1962, n. 280, p. 51.

[3] Cf. Vol. 18-1, p. 83.

[4] Cf. Vol. 4, p. 258 (MA); Vol. 5, p. 102, p. 197, p. 198, p. 266, p. 541 (MA); Vol. 9, p. 33, p. 39, p. 162 (MA).

Los ejercicios espirituales en los que participó en Javier (Navarra) el verano de 1961 y la salida del Instituto de sus amigas Ana María Fraga Iribarne y María José Martí Fabregat a lo largo de ese año[5], le hacían presagiar las dificultades que tendría[6]. Presentía que no sería aceptada a emitir los votos perpetuos y que, por tanto, debería salir del Instituto. Sin embargo, Carmen defendió su presencia en él pues estaba convencida —por estar segura de su vocación misionera— de que Dios a él le llamaba. Esto fue origen de fuertes tensiones y sufrimientos con sus superioras (también por parte de ellas), que culminarían en su no admisión a los votos perpetuos, decisión que le fue comunicada el siete de julio de 1962, y su salida de la casa de las Misioneras en Barcelona el 28 de agosto del mismo año.

Al mismo tiempo, durante esos meses (enero - agosto de 1962), el Señor la ayudó dándole una luz profunda sobre sus sufrimientos y su vocación. Pero vayamos despacio. Conozcamos de cerca, a grandes rasgos, el desarrollo de los acontecimientos de la vida de Carmen durante sus ocho primeros meses en Barcelona[7].

A los dos días de llegar a la Ciudad Condal, Carmen anotó en su agenda-diario haber recibido una llamada de don

---

[5] Vicente Latre, viudo de María José Martí Fabregat, afirma: "María José fue expulsada de las Misioneras el 11 de diciembre de 1961 … y Ana Fraga debió salir motu proprio cuando vio el panorama, un poquito antes"; cf. "Testimonio de Vicente Latre recogido por Jorge Borrell y José Casas, Benicasim, 23 de octubre de 2021".

[6] Transcripción de la "Conversación de Mª Ángeles Sagristá con Amparo Llinares" (1992?), p. 17-18.

[7] Del tiempo de Carmen en Barcelona (1962-1964) sólo tenemos dos fotografías.

Marcelino Olaechea, sdb, Arzobispo de Valencia[8]. Para entender las raíces de Carmen sobra decir que es necesario conocer la figura de don Marcelino Olaechea, pues además de ser considerado el alma de las Misioneras de Cristo Jesús, siguió muy de cerca a Carmen ayudándola con amor paterno durante los ocho años en los que estuvo en ese instituto[9]. Aquí hablaremos de él solo cuando aparece en la vida de Carmen durante este periodo.

Carmen refirió en muchas ocasiones que con esa llamada don Marcelino le aconsejó que, ante las dificultades que encontraría en el momento en que sus superioras iban a deliberar sobre su admisión a los votos perpetuos, se "humillara". Carmen presentía que, aunque se humillase, su salida ya estaba decidida[10].

Sin duda, la mayor parte de la vida de Carmen en estos primeros ocho meses en Barcelona estuvo centrada en la comunidad de las Misioneras situada en la ciudad vieja, en el primer piso del número 52 de la calle Princesa[11], al lado del parque de la Ciudadela y muy cerca de la basílica de Santa María del Mar, donde la comunidad de las Misioneras asistía regularmente a Misa. No obstante, durante este tiempo

---

[8] Cf. Vol. 30, p. 149 (P 2).

[9] Sobre la figura de don Marcelino Olaechea y su relación con Carmen Cf. Aquilino Cayuela, *Carmen Hernández – Notas biográficas*, 87-92; 117-119, Madrid 2021.

[10] Cf. Vol. 5, p. 266, p. 541 (MA).

[11] Un edificio de cinco plantas construido en 1900, tres puertas por piso, Las Misioneras habían abierto esta casa en 1960, cf. *La Vanguardia*, 10 de agosto de 1960, p. 18.

▲ *El número 52 de la calle Princesa. En el primer piso se encontraba la residencia de las Misioneras de Cristo Jesús en Barcelona.*

▼ *Foto del grupo de las hermanas de las Misioneras de Cristo Jesús, Junioras y Profesas, en la residencia de la calle Princesa de Barcelona. La foto es en la terraza del edificio, de fecha desconocida. A la derecha, Carmen Hernández.*

Basílica de Santa María del Mar (1950). ▶

Carmen tuvo también varias actividades fuera de su comunidad religiosa.

Al poco de llegar a Barcelona, por indicación de sus superioras, Carmen inició dos actividades: prosiguió su aprendizaje del inglés en el "British Council", que en ese tiempo estaba en la Avda. Diagonal, 530-532[12], y empezó a trabajar dando clases de cultura general a las obreras de una fábrica, trabajo que le reportó su primer sueldo[13]. En sus notas

---

[12] Cf. "1961-12-26 Carta de la Madre P. Bobillo a Carmen Hernández - Vol. 18-1 CNC 3".

[13] María Luisa Troncoso, misionera que saldrá de la congregación un poco antes que Carmen, refiere que estando en Barcelona también daba clases en una fábrica a hijos de obreros. En su caso en la fábrica Matesa

▲ *Ramblas de Barcelona (1961).*

también se encuentra el dato, de una manera vaga, que quizá daba alguna clase de inglés[14].

En sus escritos aparece también su asistencia ocasional a la Universidad Central de Barcelona[15]. Sin embargo, creemos

---

(entonces situada en la calle Horacio de Barcelona). La razón de trabajar, dice, es que había que contribuir al mantenimiento de la comunidad de la calle Princesa, cf. "Testimonio de María Luisa Troncoso, recogido por Simón González de la Riva Troncoso, Pamplona, 25 de abril de 2022".

[14] Cf. Vol. 30, p. 31, p. 86 (C 21).

[15] Referencias a la universidad: Cf. Vol. 30, p. 18 (C 21); Vol. 30 p. 43 (C 21); Vol. 30, (p. 62 (C 19); p. 149 (P 2). Durante el mes de abril de ese año Carmen asistirá también (quizá por propia iniciativa o quizá en la misma

que en esos meses Carmen no estudiaba nada en ella, ni estaba matriculada en facultad alguna[16]. Parece esta una cuestión aclarada definitivamente[17].

Mientras que las clases de inglés centraron poco su atención, las clases en la fábrica, el conocimiento del mundo del trabajo, el contacto directo con jóvenes obreras, el poder "escucharlas, ver sus ojos", atrajeron enormemente su interés. En ellas dice sentir "el dolor de la humanidad" y a través de

residencia de las Misioneras), a las clases de un Cursillo sobre Doctrina Social de la Iglesia, impartidas por el padre Luis Antonio Sobreroca, S.J.; de su asistencia a las clases, se conservan algunos apuntes. Del mismo jesuita, Carmen conservó también varios libros en su biblioteca de la casa de su hermana Elisa en Madrid, cf. Vol. 55, p. 34 y 136, y alguna referencia a ellos en sus agendas, cf. Vol. 31, p. 140-141.

[16] Hemos comprobado que en los archivos de varias facultades de la Universidad Central de Barcelona (Químicas, Medicina, Filosofía y letras) no figura el nombre de Carmen Hernández Barrera. En este sentido, Ana Fraga dice que en Barcelona (no confirma si en la Universidad) Carmen estudió "algo de sociales", cf. "Testimonio de Ana María Fraga recogido por d. Luis Gahona Fraga, La Coruña, 21 de agosto de 2021". Quien estudiaba Filosofía y Letras en la Universidad Central de Barcelona en enero-junio de 1962 era María Luisa Troncoso, en la especialización de "educación especial"; cf. copia de carta de María Luisa Troncoso escrita por Carmen en su cuaderno, Vol. 30, pp. 53-54 (C 19); cf. también, "Testimonio de María Luisa Troncoso recogido por Simón González de la Riva Troncoso, 24 de abril de 2022, Pamplona".

[17] Mª Ángeles Sagristá, misionera que fue compañera de estudios de teología de Carmen en los cuatro años (1957-1960) que estuvo en Valencia– refiere, en cambio, que Carmen podría haber estudiado algo en la Universidad Central de Barcelona, cf., "Testimonio de Mª Ángeles Sagristá, recogido por Jorge Borrell y José Casas, Igualada, 7 de enero de 2022". Lo deduce por la referencia que hace Carmen en un borrador de carta dirigida a ella en la que dice que encontrará a su hermana en la Universidad (encuentro que nunca tuvo lugar) y porque su hermana estudiaba en esos años en la Universidad Central de Barcelona, cf. Vol. 39, p. 18 (C 21).

ellas encontrar "un camino de contacto [*con las personas, nda*] en medio de la masa, sin preparaciones"[18]. En sus escritos aparecen los nombres de estas trabajadoras, quiénes eran, cómo progresaban o no en sus estudios, su vida de fe. En este contexto tenemos también un probable eco del primer encuentro con el padre Farnés[19].

En una ocasión, con las alumnas de la fábrica fue, nada más y nada menos, que al paraninfo de la Universidad Central de Barcelona a escuchar una conferencia de Manuel Fraga Iribarne. El motivo era que este era hermano de su compañera Ana Fraga[20]. Un día antes le había escuchado también acudiendo al salón de Actos del auditorio del Fomento del Trabajo. Así escribe a su amiga Ana Fraga Iribarne:

> Hace unos días vi en el periódico que venía tu hermano Manolo pues le han dado muchos cargos importantes y allí me fui donde decía el periódico. FOMENTO de no sé qué, unos salones muy elegantes con guardias uniformados con plumas y todo, señores importantes con traje de cola y ninguna Sra. y yo estuve allí en un rinconcito con mi gabardina oyendo todo el discurso "Política y Economía"[21].

---

[18] Cf. Vol. 30, p. 27 (C 21).

[19] "¿Qué es la PASSIO para vosotras, para mí? Lo que te impresiona. Passio - Paso de Dios - Paso de muerte a vida - Mar Rojo - PASCUA. No le quebraréis ni un hueso - CORDERO - Sacrificio - Culto - esta es la MISA - VÍCTIMA. dolores no es lo esencial. Redención, PASO a la VIDA. PASCUA - COMUNIÓN, CONFESIÓN", cf. Vol. 24, p. 101.

[20] Cf. Vol. 30, p. 43 (C 21); Vol. 30, p. 62 (C 19).

[21] Cf. Vol. 30, p. 62 (C 19).

Carmen reconoce que tuvo sus dificultades al dar clases a las obreras, pues a menudo afirmó sentirse "inútil" y pensó que no tenía capacidades de profesora, a pesar de que preparaba sus clases con esmero como nos testimonian sus cuadernos[22]. La fábrica era, probablemente, la empresa de géneros de punto "Nerva", situada en la calle Valencia, 488[23]. Su trabajo como profesora de cultura general empezó el 5 de febrero y acabó el 30 de mayo de 1962.

Conociendo el carácter de Carmen, no es nada descartable que en esos primeros meses en Barcelona haya asistido por propia iniciativa a otros actos, conferencias, exposiciones, no necesariamente de carácter religioso. Por ejemplo, tenemos constancia de su asistencia a una conferencia de Salvador Pániker Alemany el 20 de febrero de 1962[24]. Como hemos referido anteriormente, asistió también por propia iniciativa (o quizás en la residencia de las Misioneras) al curso de Doctrina Social de la Iglesia del p. Luis Sobreroca, S.J., (cf. nota n. 15) y a las referidas conferencias de Fraga Iribarne.

---

[22] Cf. Vol. 24, pp. 57-274.

[23] Hemos hallado este dato a través de dos pistas: la primera, el recuerdo de una conversación de Carmen Hernández con José Casas (28 de agosto de 1997) en la que esta afirmaba que estando en Barcelona, todavía en las Misioneras, daba clases en la empresa Nerva. La segunda, la investigación de Jorge Borrell sobre los nombres de las alumnas que aparecen en los apuntes de Carmen sobre el Cursillo de cultura a mujeres trabajadoras, (cf. Vol. 24, pp. 57-274); solamente pudo localizar a una de ellas, Dolores Palacios Ortiz (cf. Vol. 24, pp. 60, 73, 85), quien confirmó haber trabajado en la empresa Nerva en los años sesenta.

[24] Cf. Vol. 30, p. 27; Revista Gran Vía, n. 490, 15 de marzo de 1962, p. 16. ¿Por qué asistió Carmen a esta conferencia? Quizá porque años antes había coincidido con su hermano, Raimón Pániker Alemany, el que después sería sacerdote, filósofo, teólogo y escritor, en la facultad de Químicas de Madrid, cf. Vol. 14, p. 99 (MA).

▲ *La foto está tomada en la atracción "La atalaya" del parque de atracciones del Tibidabo. A la izquierda de Carmen, su hermano Félix, a su derecha, su hermano Antonio. La foto es del domingo, 18 de febrero de 1962, cf. Vol. 30, p. 27 (C 21).*

P. Pedro Farnés Scherer

Paralelamente, los escritos de esas fechas nos ofrecen el testimonio de una creciente tensión en la comunidad de las Misioneras de la calle Princesa. Fue en ese momento cuando Carmen encontró al padre Pedro Farnés Scherer.

P. Pedro Farnés Scherer, 2012 ▶

A partir de entonces, la persona del p. Pedro Farnés estará de alguna manera siempre presente en la vida de Carmen. Podríamos decir que a raíz de ese encuentro Carmen tuvo siempre a Mosén Farnés[25] como seguro punto de referencia de la renovación litúrgica del Concilio Vaticano II.

Antes de proseguir el itinerario de Carmen en Barcelona en el momento en que se encontró con el p. Farnés, creemos necesario detenernos a presentar un brevísimo perfil biográfico de su persona hasta el año 1962, que nos ayude a contextualizar un poco el momento en el que sus vidas se cruzaron[26].

---

[25] Carmen así lo llamaba algunas veces. La palabra "mosén" es el título que se da a los clérigos en el antiguo reino de Aragón.

[26] Los datos que aquí se presentan han sido sacados del estudio inédito de Jorge Borrell Calonge, "Apuntes biográficos sobre Pedro Farnés Scherer", 23 de diciembre de 2021.

▲ *El p. Pedro Farnés en 1957, con algunos jóvenes de Montferri (Tarragona).*

El p. Pedro Farnés nació en Barcelona el 16 de agosto de 1925 (Carmen era del 1930). Su padre, Casimiro Farnés Valverde, fue capitán de la marina mercante y su madre, de origen alemán pero nacida en México, Amelia Scherer Scherer. Concluida la guerra civil española, entró con 13 años en el Seminario menor de Barcelona y en 1943 en el Mayor. Ya desde el seminario adquirió fama de liturgista. El 19 de marzo de 1950 recibió la ordenación sacerdotal en Barcelona.

En julio de 1950 fue nombrado coadjutor en Sant Just Desvern (prov. Barcelona), donde estará hasta finales de 1954. El párroco, Mosén Antonio Tenas i Alibés era un famoso liturgista y con él publicó el "Manual Litúrgico Solans-Vendrell", que era el Manual de Liturgia utilizado en la gran mayoría de seminarios de España.

En esa parroquia, en 1954, bautizó a siete adultos entre 15 y 21 años, algo nada común en la época, hecho que fue noticia en el periódico *La Vanguardia*[27].

En el mes de julio de 1955 fue nombrado párroco de Montferri (prov. Tarragona), pueblo de 400 habitantes, que en aquel momento pertenecía a la diócesis de Barcelona. A priori, dicho nombramiento no fue de su agrado por la lejanía de ese pueblo de Barcelona. Mas adelante descubrió que allí podía estudiar liturgia con menos problemas que si hubiese estado en una parroquia de Barcelona. Como veremos, el pueblo de Montferri aparecerá también varias veces en este periodo de la vida de Carmen.

En esos años, concretamente en 1951 y en 1955, el Papa Pío XII reformó la Vigilia Pascual y la Semana Santa.

En 1958 el p. Farnés fue encargado de organizar, junto a otros cuatro sacerdotes, el "Congreso Litúrgico diocesano de Barcelona" con el tema: "La participación de los fieles en la liturgia a la luz de la *Mediator Dei*". Uno de los frutos del Congreso y propuesta del p. Farnés fue la creación ese mismo año del "Centro de Pastoral Litúrgica".

Deseoso de profundizar en el estudio de la liturgia, obtuvo el permiso de ir a Roma (septiembre de 1958), a completar sus estudios de teología en la Pontificia Universidad de Santo Tomás, comúnmente conocida como *Angelicum*. La razón de ir al *Angelicum* es que le era necesario obtener la licenciatura en teología para poder estudiar liturgia en el

---

[27] El periódico además de informar que celebró los bautizos el "reverendo don Pedro Farnés", comenta que "la ceremonia duró tres horas y fue presenciada por numerosos fieles", cf. *La Vanguardia*, 23 de julio de 1954, p. 13.

recién creado "Institut Supérieur de Liturgie" (*ISL*) de París, su verdadero "objetivo"[28].

El 25 de enero de 1959, el Papa Juan XXIII anunció la celebración del Concilio Vaticano II.

El p. Farnés fue a París en septiembre de 1959, y dos años más tarde obtuvo el grado de "Peritus Sacrae Liturgiae" por el *ISL*. Ahí estudió con los grandes maestros de liturgia del Movimiento litúrgico y se relacionó con importantes teólogos: A. G. Martimort, J. A. Jungmann, P. M. Gy, P. Journel, X. L. Dufour, L. Bouyer, J. Daniélou, etc. Sin embargo, a quien el p. Farnés consideró su auténtico maestro, del cual se sentía el "alumno predilecto", fue el abad de la abadía de Mont-César (Bélgica) y primer director del *ISL*, dom Bernard Botte, osb[29].

En junio de 1961 regresó finalmente a Barcelona, con una extraordinaria formación en la historia de las fuentes del culto y en teología, impregnado del sentido renovador del misterio Pascual de Cristo celebrado en la liturgia, fruto de décadas de estudios y reflexión del "Movimiento Litúrgico". Esta riqueza tan densa, que incluye vidas enteras de personas que se entregaron al estudio y a la investigación para el

---

[28] Sus inscripciones a los dos años académicos constan en la revista "Nouvelles de l'Institut Catholique de Paris" n. 3 (1961), p. 50, y n. 3 (1962), p. 34, respectivamente.

[29] A su vez, p. Farnés era consciente de que Carmen lo tenía como uno de sus "maestros". Cuenta Jorge Borrell esta anécdota: «Cuando le preguntábamos cosas [*al p. Farnés, nda*], nos aconsejaba leer: *La Iglesia en Oración* de Martimort; y cuando le pregunté a quién leía Carmen, me contestó: "Carmen lee a Mosén Farnés", con una sonrisa de punta a punta», cf., estudio inédito de Jorge Borrell Calonge, "Apuntes biográficos sobre Pedro Farnés Scherer", 23 de diciembre de 2021, p. 34.

retorno a las fuentes, confluyó en la renovación litúrgica del Concilio Vaticano II, plasmada concretamente en su Constitución *Sacrosanctum Concilium*.

Todo esto, como veremos, dejó una honda huella en Carmen ya desde el primer encuentro con el p. Farnés.

Del año 1962 es la propuesta del p. Farnés de cambio del nombre de la "Revista Diocesana de Pastoral litúrgica" a "Phase", de la que fue director por muchos años. El nuevo título de la revista es significativo. Él mismo escribió: «También nosotros, como Jesús en su Pascua, tenemos nuestra hora *"ut transeamus ex hoc mundo ad Patrem"*: porque es *Phase*, es decir, el *Paso* del Señor y del pueblo a él unido». El artículo lleva por título: "La Pascua en las comunidades judías"[30].

Después de esta digresión biográfica sobre el p. Farnés, vayamos, finalmente, a la primera vez en la que él y Carmen se encontraron.

Por los apuntes de la agenda de Carmen, creemos que el día fue el viernes 6 de abril de 1962[31]. La ocasión fue un cursillo sobre liturgia que la superiora de las Misioneras en Barcelona había solicitado al padre Farnés. El cursillo se dio en la residencia de las Misioneras de la calle Princesa[32].

---

[30] Cf. Pedro Farnés Scherer, *La Pascua en las comunidades judías de nuestro tiempo*, Revista Phase, n. 2 (1961), pp. 4-9.

[31] Cf. Vol. 30, p. 39 (C 21).

[32] Cf. "Testimonio del p. Pedro Farnés recogido por Jorge Borrell, Barcelona, 14 de marzo de 2017"; cf. Vol. 5, p. 267-268 (MA). Por tanto, es muy probable que el p. Farnés conociera con anterioridad a las Misioneras, tanto porque estas fundaron su casa de Barcelona en 1960 (cf. nota 11), como porque el p. Farnés volvía a Barcelona una vez acabados los años académicos, primero los de Roma y luego los de París. Más tarde, junio-julio

Para entender la fuerte impresión y el sentido de este encuentro, leamos lo que Carmen escribió ese día en su agenda:

> "JESÚS esta mañana FARNÉS, y vengo ahora de la fábrica riéndome de mí misma. Farnés, Farnés. ¡JESÚS!, montañas de cosas. JESÚS nos ha hablado en el retiro un sacerdote que habla en cristiano"[33].

Las charlas de Farnés debieron continuar unos días más pues el jueves 12 de abril escribe:

> "¡Dulcísimo JESÚS! JESÚS cómo me gusta todo lo que FARNÉS deja adivinar, sí eso es cristianismo, qué intuición cristiana de PASCUA, de viernes, de sábado". JESÚS TE AMO, TE AMO. Creo en tu amor. Creo en tu AMOR, esto es mi vivir, el AMOR que tú me tienes"[34].

Sabemos, por tanto, el contenido de las charlas: la Pascua. El lunes 16 de abril vuelve a escribir:

> "¡Ah! ¡JESÚS!, qué consuelo tan grandísimo FARNÉS, ... , ¡Ah! ¡JESÚS!, te amo, te amo, te amo, dulcifica, pacifica mis ímpetus y mis prisas"[35].

En numerosas ocasiones Carmen recordó el encuentro con el p. Farnés y la trascendencia que tuvo en su vida. Creemos que este acontecimiento es, sin duda, el de mayor

---

de 1962, el p. Farnés dio a las Misioneras un cursillo de liturgia del cual Carmen conservó sus apuntes, cf. Vol. 23, p. 73-177.

[33] Cf. Vol. 30, p. 39 (C 21).

[34] Cf. Vol. 30, p. 40 (C 21).

[35] Cf. Vol. 30, p. 41 (C 21).

importancia en los dos años de estancia de Carmen en Barcelona. Carmen consideraba que el Señor, a través del p. Farnés, le sirvió "como primicia" los contenidos esenciales del que sería el Concilio Vaticano II (1962-1965): sobre todo, el Misterio Pascual, eje y fuente de la vida cristiana, que Carmen vivió en modo particular en la catedral de Barcelona durante la Semana Santa de 1962.

Ella nos dice que el domingo de Ramos y la Semana Santa vivida en la catedral de Barcelona, presidida por el arzobispo de la ciudad, Mons. Gregorio Modrego, fue la primera

▼ *Domingo de Ramos – Catedral de Barcelona (1962). En el centro de la imagen se puede observar al Arzobispo de Barcelona, Mons. Gregorio Modrego Casaus.*

Pascua que "celebré de verdad, sintiéndola profundamente"[36], viviendo en su propia carne lo que celebraba. Así escribe el 15 de abril de 1962, Domingo de Ramos:

> "En la catedral, Dr. Modrego. JESÚS los presentimientos, la pasión, el dolor, el miedo, aplastamiento total, JESÚS, aquel sueño, la M. General en casa, ¡JESÚS! abundad en los mismos sentimientos de JESUCRISTO. JESÚS, casi puedo decir que te entiendo, que puedo entenderte por experiencia un poquito. El gozo de participar en ti llena de luz mi dolor, toda la injusticia, JESÚS, confío en Ti, espero en Ti, Triunfador, ¡JESÚS!"[37].

Y el 21 de abril, Sábado Santo:

> "CRISTO Ayer y Hoy. ¡Aleluya! ¡JESÚS! SANTA vulnera GLORIOSA. JESÚS, el CRUCIFICADO, Dulcísimo, Vida, Resurrección ... JESÚS te amo, te amo, te amo. LA CORTINA del MISTERIO, Tú eres la Resurrección y la VIDA, JESÚS, el Crucificado, JESÚS, JESÚS, en Ti confío"[38].

Así interpretaba Carmen, años después, lo que significó para ella el encuentro con el p. Farnés:

> "... por eso cuando me encuentro con el p. Farnés, [*recuerdo, nda*] que Dios me llevó en medio de las vueltas a encontrarme con él en Barcelona. Me tuvo allí Dios un año entero, allí me hizo una gracia enorme porque yo entendí que todo esto que me estaba pasando a mí era el misterio de Pascua ..."[39].

---

[36] Cf. Vol. 8, p. 57 (MA).

[37] Cf. Vol. 30, p. 41 (C 21).

[38] Cf. Vol. 30, p. 42 (C 21).

[39] Cf. Vol. 5, p. 174 (MA).

Y en otro momento:

> "... de allí pasé yo de [*mis devociones eucarísticas, nda*], por la experiencia de muerte que tenía, a comulgar con la muerte de Jesucristo para hacer la Pascua, [*el paso, nda*] a la Resurrección. Allí entendí yo, a través de lo que me estaba pasando, lo que era toda la renovación conciliar de la Eucaristía, de la Pascua, de la liturgia"[40].

Carmen recibió las palabras del p. Farnés en una situación concreta de mucho sufrimiento, de "*kenosis*", como ella decía. En esa circunstancia, escuchar hablar al p. Farnés sobre el Misterio Pascual, sobre el dinamismo de la Pascua, supuso una iluminación de su vida y dio sentido a todo lo que estaba viviendo:

> "En este momento de incertidumbre, de *kenosis*, Dios se sirvió de esta experiencia histórica para abrirme el oído. Porque mucha gente ha escuchado a Farnés, han leído todos los documentos y han escrito millares de libros después del Concilio, y verdaderamente no entienden lo que es la Pascua"[41].

Salida de las Misioneras

El tiempo de discernimiento de las superioras sobre ella llegaba a su término. Y Carmen, aun habiendo vivido con

---

[40] Cf. Vol. 5, p. 266-267 (MA).

[41] Cf. Vol. 9, p. 29 (MA). Podríamos decir también, sin temor a equivocarnos, que ni el mismo p. Farnés fue consciente en ese momento del impacto y del alcance que sus clases sobre la Pascua tuvieron en la vida de Carmen Hernández.

profundidad y novedad la Pascua de ese año, sentía que se encontraba en un callejón sin salida y que, finalmente, prevalecería la decisión de que no sería admitida a los votos perpetuos[42]. Vive este dolor con mucha intensidad, unida a Jesús. La noche entre el 19 y el 20 de mayo escribe:

> ¡JESÚS!, nunca había llorado tanto, ¡JESÚS! No tengo palabra, ni hay nombres para las cosas que no se pueden describir. Y casi ya no tengo el miedo de perderte. ¡JESÚS! Tú lo sabes todo, lo has vivido todo en ti mismo. Las acusaciones, los juicios, ¡JESÚS! ¿Hasta dónde? Qué dolor, JESÚS. Entrega total, sincera ¿no lo es? ¿Voy a perderme?
>
> JESÚS no tengo otro miedo que mi maldad, mi íntima negación, JESÚS, pero yo sé que Tú te compadeces de la oveja mala. ¡JESÚS!, yo estoy gritando a ti, balando en la noche que no quiero separarme ni medio segundo de ti, morir, morir y ahora antes que un solo instante, ¡JESÚS!, no entiendo, ni veo nada, ¡JESÚS!, es terrible, terrible, SENTENCIA DE MUERTE y sin apelaciones ni probabilidades. JESÚS, no entiendo nada, ¿vas a dejarme? Yo voy a echarme al suelo con la gracia tuya y morder la tierra y dejarme gritar ¿HASTA dónde JESÚS?, yo estoy segura de ti, yo confío en ti, yo te amo a ti. ¿Te acuerdas aquella Ascensión? JESÚS, tú eres VERDAD. Tú eres mi vida, Tú no me puedes dejar, yo te amo, JESÚS, y aún en el fondo de las lágrimas, del dolor y de la más horrible de las incertidumbres, siento la alegría de tu brazo poderoso, fuertísimo, tendido sobre mí, ¿quién puede separarnos? Gracias, JESÚS[43]

---

[42] Cf. Vol. 30, p. 44 (C 21).

[43] Cf. Vol. 30, p. 44 (C 21).

Se cernía sobre ella la repetición de la dolorosa experiencia de cuando tenía quince años, cuando no fue aceptada en la Congregación de Jesús-María[44]. Carmen seguía apelando a la Madre general y a sus antiguas superioras, y, por supuesto, a don Marcelino; pero a pesar de mantener con él una correspondencia franca y fluida, no se sintió ayudada[45]. Viendo que en el Instituto y en su ámbito no encontraba favor, Carmen pidió ayuda a varias personas.

Una fue el p. Alfredo Mondría Sifré, S.J., (1887-1977), doctor en Derecho Canónico y profesor de Teología Moral en la Facultad de Teología de los jesuitas en Sant Cugat del Vallés (Barcelona)[46]. El p. Mondría asistía a las Misioneras como confesor y profesor[47]. Carmen dice que fue el p. Mondría quien le aconsejó que escribiera a la Congregación *de*

---

[44] Cf. Aquilino Cayuela, *Carmen Hernández – Notas biográficas,* Madrid 2021, 60. Cf. también, Carmen Hernández Barrera, *Diarios 1979-1981*, Madrid 2017, 311, nota 199.

[45] Cf. "1962-01-10 Carta de Carmen Hernández a D. Marcelino Olaechea – Vol. 19 CV 3 1"; "1962-02-06 Borrador de carta de Carmen Hernández a D. Marcelino Olaechea – Vol. 18-1 CNC 142".

[46] Hemos consultado el Archivo Histórico de la Compañía de Jesús en Cataluña (AHSIC). El director del archivo, p. F. Casanovas, S.J., nos puso amablemente a disposición las veintidós cajas que contenían documentación (apuntes, conferencias, cartas, borradores, etc.) del p. Alfredo Mondría, S.J.. Desgraciadamente, no encontramos ningún documento que hiciera referencia a Carmen. Solo pudimos constatar que en la agenda del p. Mondría aparecía la dirección y el teléfono de la casa de las Misioneras de Cristo Jesús en Barcelona. Creemos que del p. Alfredo Mondría es la postal dirigida a Carmen en la que de forma un tanto encriptada le dice: "Hoy me llegan noticias suyas desde el lejano Oriente y me siento inspirado para enviarle un saludo y una bendición precisamente en esta tarjeta: La exégesis corre por su cuenta", cf. "1962-08-22 Postal a Carmen Hernández – Vol. 18-1 CNC 193".

[47] Cf. "1962-03-31 Carta de Mª Luisa Troncoso a la M. Concepción Arraiza AGMCJ 83".

◀ *P. Alfredo Mondría Sifré, S.J..*

Propaganda Fide —dicasterio de la Santa Sede del que dependen las Misioneras de Cristo Jesús por ser un Instituto con el carisma específico *ad gentes*— para presentar su situación y solicitar la intervención de Roma[48]. Es muy probable que al final Carmen no enviase la carta, aconsejada quizá por el mismo p. Mondría[49]. Carmen recordaría en ese momento que María José Martí, encontrándose en su misma situación, había apelado a Roma y la respuesta que obtuvo fue negativa[50].

---

[48] Cf. Vol. 30, p. 74 (C 19).

[49] Hay dos borradores de la carta para el Prefecto de *Propaganda Fide*, Card. Agagianian. A nuestra solicitud de información sobre la presencia de algún documento relativo a Carmen en el Archivo de esa Congregación, *Propaganda Fide* nos respondió: "Siento mucho tener que informarle que después de haber consultado en el Archivo Histórico de esta Congregación la documentación relativa al Instituto de las Misioneras de Cristo Jesús en el período 1954-1966 no ha sido posible encontrar ningún documento relativo a Carmen Hernández" (Prot. N. 50/2020, 25 de febrero de 2020).

[50] Cf. "Testimonio de Vicente Latre recogido por Jorge Borrell y José Casas, Benicasim, 23 de octubre de 2021".

Esclavas:
Madrid: A. Ag. II 2240809
M. Camp, 8 2572004
Gandía: Apartado, 7
Pamplona: Av. Villaba, 32 2353
Jesús Mª: 2471200
S. Gervasio, I5(6) 247I3I0
Provincial 2474652
M. Roser 2220730
Caspe, 52(I0) 25I7649
Fabra y Puig
Valencia:
Fendo. Católico, 33 250900
Bilbao:
Av. Universidades, 9
Mercedarias:
S. Gervasio, 66 2478078
" 2478077
Provenza, 283 2275982
Loreto:
V. Layetana, I64 228I282
Misª de Xto. Jesús:
Princesa, 52 22I4867

Hoja de la agenda del p. Alfredo Mondría Sifré, S.J., en la que aparece la dirección de las Misioneras de Cristo Jesús en Barcelona. ▶

Otra persona a la que acudió fue el arzobispo de Barcelona, Mons. Gregorio Modrego Casaus (1890-1972), el ordinario del lugar. Lo visitó por sugerencia del p. Farnés[51] y tenemos constancia de que lo hizo, al menos, un par de veces. En un borrador de carta a Ana Fraga y María José Martí con fecha 17 de junio de 1962 escribe:

> "Bueno, que he pasado una noche en la capilla, preparando mi entrevista de mañana con el Sr. Obispo de aquí, para tenerla preparada, pues mi salida será ya inminente de un momento a otro, y ya sabéis que siento que debo hacerlo así, defender la verdad hasta el final. Al obispo le daré direcciones de M. Joaquina, Feliciana e Isabel, para que se informe de mí, y le contaré lo mejor que pueda, si tengo acogida, el asunto, y luego lo que Dios quiera ..."[52].

---

[51] Lo visitó un par de veces, una de ellas con el p. Farnés, cf. "Testimonio del p. Pedro Farnés recogido por Jorge Borrell, Barcelona, 14 de marzo de 2017".

[52] Cf. Vol. 30, p. 77 (C 19).

Al día siguiente, dice, logró hablar con Mons. Modrego, después de una azarosa entrada en su residencia. Cuenta que el arzobispo la escuchó, "se dio cuenta del problema", y le dijo que escribiría a sus antiguas superioras recomendándola[53]. La segunda ocasión parece que fue el dos de julio[54]. Nuestra intención de investigar en el Archivo diocesano de Barcelona en busca de algún rastro documental de Carmen, directo o indirecto, ha quedado frustrada por ahora[55].

Al mismo tiempo que Carmen luchaba por defender su vocación, sentía

◀ *Mons. Gregorio Modrego Casaus, Arz. de Barcelona (1942-1967).*

[53] Cf. Vol. 30, p. 79 (C 19).

[54] Cf. Vol. 30, p. 79 (C 19); "1962 [sin fecha] Borrador preparatorio encuentro con Mons. Modrego CNC 221.3".

[55] Hemos visitado el Archivo Diocesano de Barcelona en dos ocasiones y en las dos no hemos podido acceder a él. Hemos recibido esta respuesta a nuestra solicitud de permiso para consultarlo: "Se ha consultado el Archivo Diocesano de Barcelona y el Archivo de la Secretaría General y no obra ninguna documentación" sobre Carmen Hernández (cf. Carta del Adscrito a la Secretaría particular del Arzobispo de Barcelona, del 10 de julio de 2020). Este Archivo queda pendiente de ser consultado.

▲ *Catedral de Barcelona.*

que se abrían nuevos caminos a su vocación misionera pero ignoraba cuáles. Con Ana Fraga, María José Martí y otras compañeras pensaban fundar una nueva congregación, o en ser misioneras seglares teniendo como campo de misión Hispanoamérica, conscientes de los peligros que amenazaban a ese continente. Este deseo o idea aparece al principio de una manera vaga, poco a poco veremos cómo se irá concretando.

Mientras tanto, ¿dónde estaban y qué hacían las compañeras de Carmen que habían salido de las Misioneras? Por lo que respecta a Ana Fraga y María José Martí sabemos que se habían desplazado a Marsella, parece que en los primeros meses del año 1962, o quizá ya en 1961[56]. La razón de este desplazamiento fue colaborar con los sacerdotes obreros

---

[56] Cf. Vol. 5, p. 266 (MA); "1961-12-13 Carta de Esperanza a Carmen Hernández, Vol. 18-1 CNC 111".

▲ *Calle del Obispo, al lado de la Catedral de Barcelona (1965).*

(algunos españoles) que en esa ciudad trabajaban con emigrantes y obreros[57]. Sabemos también que desde 1955 en Marsella se hallaba la "Misión Obrera San Pedro y San Pablo" fundada por el p. Jacques Loew, O.P.

---

[57] Cf. "Testimonio de Vicente Latre recogido por Jorge Borrell y José Casas, Benicasim, 23 de octubre de 2021".

Carmen recordaba que estas dos amigas se desplazaron desde Marsella a Barcelona para visitarla y proponerle que saliera del Instituto[58]; pero Carmen no siguió su consejo, pues deseaba seguir la voluntad del Señor que se manifestaría, finalmente, a través de sus superioras[59]. Pensamos que en esa ocasión Ana Fraga y María José Martí debieron quedarse en Barcelona y probablemente empezaron a trabajar en la empresa "Ideal Plástica flor", donde más tarde quizá trabajaría Carmen, y a vivir en el barrio de la Trinidad Nueva.

De Carmen Cano y Esperanza Domínguez, sabemos que mantenían una estrecha relación epistolar con Carmen y que la primera se uniría a Carmen cuando se fue a vivir a Casa Antúnez. María Luisa Troncoso saldrá del Instituto un poco antes de Carmen. De ella tenemos la referencia de que en noviembre de 1962 se encuentra en Barcelona[60].

Carmen alternaba momentos de ilusión y de ebullición de iniciativas con momentos de tristeza. En varios borradores de cartas a Ana Fraga y María José Martí habla de la posibilidad que en esta nueva misión las acompañen más compañeras, entre ellas Carmel Cooling (una joven con quien Carmen

---

[58] Cf. Vol. 11-1, p. 107. Por lo que respecta a la salida de las Misioneras, también se lo aconsejó Esperanza Domínguez, cf. "1962-06-26 Carta de Esperanza a Carmen Hernández, Vol. 18-1 CNC 113".

[59] Mª Ángeles Sagristá refiere que Ana Fraga y María José Martí también hablaron con ella invitándola a salir del Instituto, cf. "Testimonio de Mª Ángeles Sagristá, recogido por Jorge Borrell y José Casas, Igualada, 7 de enero de 2022".

[60] Cf. La dirección del sobre que contiene la carta de Antonio Castro a María Luisa Troncoso "1962-11-15 - Vol 18-1 CNC 208 a", es: "c. Caspe, 49 - Barcelona 10 - Residencia de las Reparadoras - Sta. María Luisa Troncoso".

hizo amistad durante su estancia en Inglaterra en 1961); habla también de su intención de ir a Roma para recibir del Papa "sólo su bendición", de visitar al p. Lombardi, S.J., de ir a Asís a impregnarse del espíritu de San Francisco, etc.[61].

Durante esos meses hay constancia de que en varias ocasiones don Marcelino Olaechea estuvo en Barcelona. No sabemos si en todas visitó la casa de las Misioneras en la calle Princesa, pero sí lo hizo en alguna de ellas. En una de estas ocasiones Carmen refiere que se encontró con don Marcelino y "la incomprensión [*con él, nda*] fue total"[62]. Don Marcelino deseaba que Carmen se quedase en las Misioneras y luchó por ello ante sus superioras, pero, como estamos viendo, la "crisis" que Carmen vivía iba más allá de su permanencia o no en el Instituto.

Carmen recibió consuelo, en cambio, visitando el Museo Marès. Nos queda constancia de una de sus visitas en sus escritos (quizá la primera), el dos de julio, cinco días antes de recibir la respuesta definitiva de las superioras. El "Museo Frederic Marès" está situado en una esquina de la plaza de la catedral de Barcelona. La consoló en particular el contemplar la serie de crucifijos románicos que el museo exhibe y que presentan a Cristo crucificado con las llagas de la pasión y a la vez reinante sobre la Cruz. Una síntesis artística perfecta del Misterio Pascual: Cristo muerto y resucitado. Así escribe en un borrador de carta para sus amigas Ana Fraga y María José Martí, el 2 de julio:

> "Ay, ayer estuve en un museo donde hay muchos crucifijos, unos Cristos románicos maravillosos. Me

---

[61] Cf. Vol. 30, p. 78 (C 19).

[62] No sabemos el día exacto; quizá el encuentro se produjo en las dos últimas semanas de junio; cf. Vol. 30, p. 73 (C 19).

▲ *Entrada del Museo Marès, al lado de la Catedral de Barcelona.*

emocionaron tantísimo que lloré, y volveré otro día a terminar de verlos porque no podía más y me tuve que salir agarrándome el pecho ¡Qué desfallecimiento físico tan total! (…) ahora soy felicísima de la semana pasada que tan estrechamente mi pobre carne estaba como cualquiera de estos Cristos. Os aseguro que me cuelgo en el Museo y doy devoción. Me he quedado como un pellejo ambulante que sólo tiene alma y es totalmente de Jesucristo"[63].

Cinco días después, el siete de julio, día de San Fermín —fecha muy recordada por Carmen— las superioras le comunicaron que no iba a ser admitida a los votos. Así escribe ese día:

"¡JESÚS!, ya lo has oído "NO ME ADMITEN A LOS VOTOS", qué serenidad Jesús, dulcísima serenidad, inexplicable, tuya, tuya, eres Tú, Dulcísimo, Buenísimo, la PAZ con vosotros, JESÚS Dulcísimo te Amo,

---

[63] Cf. Vol. 30, p. 80 (C 19).

▲ *Museo Marès, Sala de los crucifijos.*

> te amo Dulce, loca totalmente, ¿qué quieres de mí? Mi mano está en la tuya, y yo voy con los ojos cerrados donde tú quieras. Gracias Jesús, AMOR JESÚS, te amo, te amo, nadie nos puede separar, porque mi amor es tu amor, y ya nada soy, Tú eres mi CAMINO, mi VIDA, Dulcísimo JESÚS te amo"[64].

Después de siete meses de tensión, Carmen recibe la dolorosa noticia con serenidad, con gran fe y un acrecentado amor a Jesús. La palabra que en esos días inunda sus diarios es: "Dulcísimo Jesús". Sin embargo, en ese momento se abría para ella un tiempo más incierto todavía. Es decir, no ser admitida a los votos perpetuos después de estar ocho años en

---

[64] Cf. Vol. 30, p. 81 (C 19).

Carmen delante de un crucifijo del Museo Marès. La foto no es de los años 1962-1964, sino posterior; la fecha es desconocida. ▶

el Instituto significaba que debía salir de él, pero, de hecho, su vinculación jurídica al mismo no terminaría sino hasta que cumpliese el plazo de sus votos temporales. Esto sería el 3 de octubre de 1962[65]. Entonces, ¿cómo y cuándo sería su salida, qué haría durante ese tiempo?

---

[65] Carmen hizo sus primeros votos, votos temporales, el 3 de octubre de 1956 en Javier. Los votos temporales son el acto por el que una persona se consagra libremente a Dios y asume los consejos evangélicos de pobreza, castidad y obediencia, según la regla y las constituciones de un instituto aprobado por la Iglesia, bajo la autoridad de un superior que la recibe, por un periodo de tiempo. La profesión perpetua, votos perpetuos, es la incorporación definitiva al instituto, con la intención de permanecer en él toda la vida. Sobre las diferencias de los votos entre el Código de Derecho Canónico de 1917 y el de 1983, cf. *Codice di Diritto Canonico*, edizione diretta da JUAN FERNÁNDEZ ARRIETA, Roma 2004, 476-477, nota.

Posteriormente al siete de julio, Carmen escribió un buen número de cartas. A sus amigas, familia, superioras, consejeras y a la Madre general. A esta le pidió poder hacer ejercicios espirituales en Javier. La Madre le contestó que no lo veía oportuno y le aconsejó que se retirara con una hermana a Francia[66]. Para Carmen la propuesta de pasar un tiempo en Francia, apartada de sus hermanas y compañeras, significaba un destierro[67]. Finalmente, Carmen no fue a Francia y permaneció en Barcelona hasta el 28 de agosto.

En esos días reaparece otra vez en sus diarios, in extremis, la intención de apelar a Roma, cosa que muy probablemente no hizo[68]. El 16 de agosto anotó en su agenda la llegada de la Madre general a Barcelona[69]. Ella le comunicó la decisión final. El 21 de agosto Carmen escribe:

> "Día memorable en el proceso. Me dan a elegir entre el destierro o la expulsión"[70].

Su presencia en las Misioneras llegaba a su fin. Ir a Francia, al destierro, significaba tanto alejarse de sus compañeras como esperar en el Instituto otro tiempo indefinido, después de los ocho años que ya llevaba en él. La expulsión (o dimisión) significaba que debía dejar el Instituto al vencimiento de sus votos temporales, el 3 de octubre. Se fijó el día 28 de agosto como fecha de su salida de la casa de las Misioneras de Barcelona. Ese mismo día Carmen recibió una severa carta de

---

[66] Cf. "1962-07-09 - Vol. 18-1 Carta de M. Concepción a Carmen Hernández CNC 64".

[67] Cf. Vol. 30, p. 87 (C 20).

[68] Cf. Vol. 30, p. 88 (C 20).

[69] Cf. Vol. 30, p. 88 (C 20).

[70] Cf. Vol. 30, p. 89 (C 20).

sus superioras comunicándole cómo había de ser su plan de vida hasta el cumplimiento de sus votos temporales, momento en el que quedaría totalmente desvinculada del Instituto.

Los últimos días antes de su salida de las Misioneras volvieron a ser un sucederse de momentos de libertad, de alegría, de esperanza, de comprobar cómo se estaba realizando el "plan" que Cristo le había revelado en modo misterioso —místico— en los Ejercicios de mes del año 1956, en Javier[71], con momentos de tristeza, de miedo, de angustia. En ese momento recibió la ayuda del p. Llamera[72], O.P., y volvió a recibir el apoyo del p. Farnés. Así escribe el jueves 23 de agosto:

> "Bendito Farnés, no podré olvidar las lágrimas, horas de comprensión total, dulce Jesús, yo veo que tú vas obrando visiblemente, te descubres Jesús no te alejes, la ventana a punto, mi padre, dulce Jesús confío en Ti, confío en Ti, te amo"[73].

Cuanto anotó en su agenda aquellos días parece indicar que del jueves 23 al domingo 26, o solamente en algún día, Carmen estuvo en Montferri (Tarragona) —el pueblo donde p. Farnés era párroco— con el permiso de sus superioras, aunque, como hemos dicho, llegar entonces a ese pueblo no era nada fácil[74]. No sabemos tampoco si fue sola hasta allí o si alguna hermana la acompañó. Por tanto, lo más probable

---

[71] Cf. Vol. 5, p. 267 (MA).

[72] P. Marceliano Llamera Fernández, O.P. (1908-1997). Teólogo dominico, fue profesor de Teología Espiritual y Mariología en el Estudio General dominicano de Valencia.

[73] Cf. Vol. 30, p. 89 (C 20).

[74] Cf. Vol. 30, p. 89 (C 20); p. 150 (P 2).

es que el lunes 27 regresara a Barcelona. Al día siguiente, martes 28 de agosto, memoria de san Agustín, Carmen salía de la casa de las Misioneras de Barcelona. Años más tarde, Carmen recordaba así el triste momento de su salida:

> "... y así un 28 de agosto, la Madre General, Arraiza, que la pobre sufrió más que nosotras, porque era opinión de las consejeras pero no de ella, me acompañó a coger el tren a la salida de Barcelona ... "[75].

Las instrucciones que Carmen recibió al salir fueron las de ir a Valencia para hablar con don Marcelino y con el padre Llamera y después seguir inmediatamente hacia Marmolejo (Jaén), lugar donde su familia veraneaba[76]. Tenía prohibido comunicarse con ninguna misionera de Cristo Jesús —excepto con las superioras— visitar ninguna de sus casas y vivir en comunidad[77]. Así, de este modo, esperaría el 3 de octubre, día en que dejaría jurídica y definitivamente el Instituto.

En su agenda anota su llegada a Valencia y unos días después, el 6 de septiembre, a Marmolejo[78]. El día 16 está en Sevilla donde se encuentra con su padre. El martes 18 sigue hacia Madrid. El 3 de octubre se cumplió el plazo de sus votos temporales. El 15 de octubre la encontramos en Valencia y Alicante (La Albufera, Campello, Benidorm)[79]. Ahí parece quedarse dos semanas. Luego regresa a Madrid y, después de otras dos

---

[75] Cf. Vol. 17, p. 95 (MA).

[76] Veraneaban en el Hotel-Balneario "Los Leones" de Marmolejo (Jaén). El hotel cerró en 1974.

[77] Cf. "1962-08-28 Carta de M. Concepción Arraiza a Carmen Hernández - Vol. 18-1 CNC 67".

[78] Cf. Vol. 30, p. 90 (C 20); p. 150 (P 2).

[79] Cf. Vol. 30, pp. 91-92 (C 20).

semanas, el 10 de noviembre sale hacia Barcelona[80]. En Madrid, donde vive su familia, está de paso y no tiene intención de quedarse. Ya en el mes de mayo de ese año, en un borrador de carta a don Marcelino, Carmen manifiesta que saliendo de las misioneras no iba a regresar nunca más a su casa:

> "No crea Padre que voy a volver a mi casa ni un minuto siquiera, la dejamos para siempre ..."[81].

Conocemos su recorrido físico desde que salió de las Misioneras hasta que volvió a Barcelona, pero no los contactos que posiblemente tuvo esos días con sus amigas, con las cuales deseaba iniciar un nuevo tipo de vida misionera en América.

En un borrador de carta dirigida a sus Superioras (no tiene fecha, pero por su contenido creemos que es del mes de agosto de 1962) Carmen expone qué piensa hacer en los próximos meses:

> "... este año lo pasaremos en Barcelona trabajando en fábricas para conocer experimentalmente la vida obrera"[82].

De igual modo, escribe el 30 de septiembre a don Marcelino comunicándole su intención de regresar a Barcelona:

> "... Luego pienso hacer una semana de retiro a SOLAS, con PAZ, que puede ser quizás en MONSERRAT y ya a Barcelona a comenzar vida pública y proletaria"[83].

---

[80] Cf. Vol. 30, p. 92 (C 20).

[81] Cf. Vol. 30, p. 51 (C 19).

[82] "1962 [Agosto] Borrador de carta de Carmen Hernández a sus Superioras - Vol. 30, p. 88 (C 20)]".

[83] Cf. "1962-09-30 Carta de Carmen Hernández a D. Marcelino Olaechea - Vol. 19 ACV 13".

II

11 de noviembre de 1962 - 5 de agosto de 1963

La Trinidad

Un mes después de la apertura del Concilio Vaticano II en Roma (11 de octubre de 1962), Carmen regresaba a Barcelona. Podemos determinar con mucha probabilidad el día de su llegada. Sabemos que el 1° de diciembre escribió en su agenda:

> "Ya hace tres semanas que estoy aquí, un cuarto realquilado a Paquita en el barrio de la TRINIDAD"[84].

"Ya hace tres semanas", significa que llegó a Barcelona del 11 al 18 de noviembre. Teniendo en cuenta cuanto escribe en su agenda el día 11 de noviembre, lo más probable es que llegase a Barcelona ese mismo día[85]. Sobre la señora Paquita hay una anécdota, de la que hablaremos más adelante y que es importante para entender el curso de los hechos que se sucedieron en este piso del barrio de la Trinidad (cf. nota n. 174).

El barrio de Barcelona del que habla es la "Trinidad Nueva", situado en la periferia noreste de la ciudad. Era un barrio de recentísima construcción, un conglomerado de bloques de pisos destinados a albergar el aluvión de inmigrantes que en esos años llegaban a la ciudad, principalmente del sur de España. Hemos localizado el piso donde estuvo "realquilada". La dirección era: "Manzana 6. Bloque 2. 3-4 - Trinidad Nueva", que corresponde al bloque de pisos situado entre la actual calle Palamós / calle Fosca[86].

---

[84] Vol. 30, p. 92 (C 20).

[85] Vol. 30, p. 92 (C 20).

[86] El bloque de pisos —así como los adyacentes— estaba recién cons-

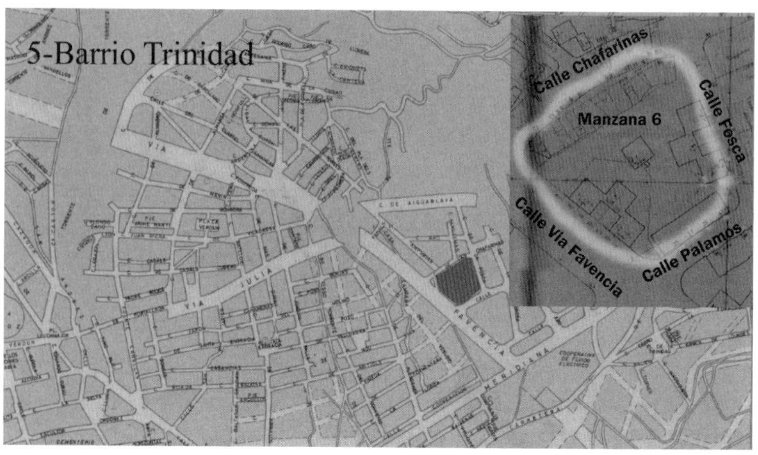

▲ *Plano del barrio de la Trinidad Nueva (1961).*

Tenemos tres referencias del paso de Carmen por el barrio de la Trinidad Nueva. Una, la que hemos reseñado anteriormente, otra en un escrito suyo del año 1968[87], la tercera la veremos a continuación.

Pero ¿por qué volvió a Barcelona y no se fue a América directamente con sus amigas? Efectivamente, la idea de Carmen y sus amigas no era la de quedarse en Barcelona sino la de irse a América. Pero la idea todavía no estaba definida: no tienen un proyecto concreto sobre dónde ir, ni tampoco saben exactamente quién formará parte del grupo. En ese momento Ana Fraga, María José Martí y Carmen

truido y en ese momento (noviembre 1962) las calles del barrio todavía no tenían asignadas un nombre.

[87] Cf. "Notas de Carmen Hernández a Falita sobre el trabajo y la misión", Vol. 22, p. 243.

▲ *Calle "Vía Favencia" (foto 1962), paralela al "Bloque 2, Manzana 6", donde Carmen estuvo alojada (noviembre – diciembre 1962).*

Hernández, deciden ir a vivir juntas en un barrio obrero y trabajar en una fábrica "entre obreras"[88]. Conocen Barcelona y piensan que la ciudad les ofrece la posibilidad de iniciar esta actividad. Sin duda, el trabajo de Carmen en la fábrica "Nerva", el conocimiento de la misión obrera de Marsella por parte de Ana Fraga y María José Martí, su estancia y trabajo en Barcelona, así como el ambiente eclesial de la época, la empujó en esta dirección. Una carta de su amiga Carmen Doval (misionera de Cristo Jesús) les preanuncia, quizá con mayor realismo, las dificultades que tendrán al trabajar en las fábricas:

> "... me alegro mucho que os vayáis pronto a América. Eso es lo que tenéis que hacer, marchar a trabajar en

---

[88] "1962-11-15 Carta de Antonio Castro a María Luisa Troncoso – Vol. 18-1 CNC 208 a".

▲ *Calle Palamós (31-43) en la actualidad. Este es el "Bloque 2. Manzana 6" del Barrio de la Trinidad Nueva, donde Carmen estuvo alojada (noviembre y diciembre de 1962).*

> misiones. Y aquí cambiar de modo de trabajar pues esos trabajos fuertes de fábricas no lo resistís ninguna y vais a acabar todas enfermas"[89].

De su paso por el barrio de la Trinidad Nueva tenemos también el testimonio de una carta para Ana Fraga y Carmen Hernández del sacerdote chileno de la Misión de Francia, p. Francisco Huidobro (del que hablaremos más adelante), dirigida a la dirección del piso de la Trinidad[90]. ¿Esto

[89] "1962-11-6 Carta de Carmen Doval a Carmen Hernández - Vol 18-1 CNC 8".

[90] "Carta de F. Huidobro a Carmen Hernández y Ana Mª Fraga - Vol. 18-1 CNC 104".

quiere decir que Ana Fraga y María José Martí vivían ahí? Suponemos que sí, es más, creemos que se encontraban en ese piso desde que vinieron de Marsella para encontrarse con Carmen.

Sin embargo, lo escrito por Carmen en su cuaderno el día ocho de diciembre parece mostrar una fuerte crisis de convivencia -una gran tensión- entre ella, Ana Fraga y María José Martí, que debió poner fin a su corta experiencia de vida en común:

> "... ellas tienen otra sangre y no lo pueden entender, esta esencia de honradez, de limpieza. ¡Jesús! sólo pido un respeto a una independencia total para cada una. ¡Jesús! me consuelas Tú, tus apóstoles, confianza total Jesús, sin poesías de gitanerías ... me da alergia mirarlas, necesito irme lejos de ellas"[91].

La Tragura

Lejos, a la otra punta de la ciudad. El martes 8 de enero de 1963 la encontramos en su nueva morada: el número veintiuno de la calle Tragura (Carmen dice "la Tragura"). Por tanto, el tiempo de Carmen Hernández en el barrio de la Trinidad fue muy corto. Así escribe el ocho de enero de 1963:

> "1ª noche en LA TRAGURA! ¡ALELUYA! JESÚS, ¡buenas NOCHES!"[92].

[91] Cf. Vol. 30, p. 93 (C20).

[92] Cf. Vol. 30, p. 97 (C 25).

▲ *Portada de la primera edición de la novela "Donde la ciudad cambia su nombre" de Francisco Candel, citada por Carmen en sus diarios.*

Tampoco llegó Carmen a ese sitio repentinamente[93]. No sabemos cómo lo conoció[94]. El 31 de diciembre anota una

---

[93] El ayuntamiento de Barcelona recibe la petición de Carmen de fijar su residencia en Barcelona (Calle Tragura, 21) y darse de baja en el Padrón de Valencia, el 23 de abril de 1963, cf. "Cambio de residencia, Ayuntamiento de Barcelona".

[94] Una hipótesis es que el lugar se lo diera a conocer M. Luisa Troncoso, quien dos años antes había dado catequesis cerca de Casa Antúnez, con-

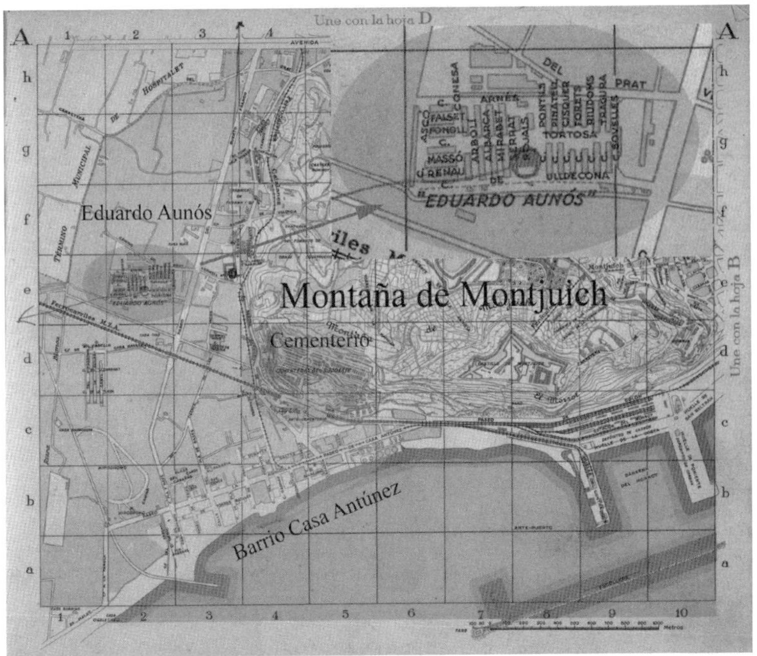

▲ *Plano del barrio "Casa Antúnez". Al centro, ampliación del sector de las Casas Baratas, grupo "Eduardo Aunós".*

primera visita al lugar y el viernes 4 de enero escribe:

> "Jesús, última noche en cama caliente. Luego, donde la ciudad cambia de nombre, me gusta el sitio …"[95].

La frase "Donde la ciudad cambia su nombre", es significativa pues es el título de una novela de Francisco (Paco)

---

cretamente en Montjuic, cf. "1960-07-11 Carta de M. Luisa Troncoso a don Marcelino ACV 53".

[95] Cf. Vol. 30, p. 93 (C 20).

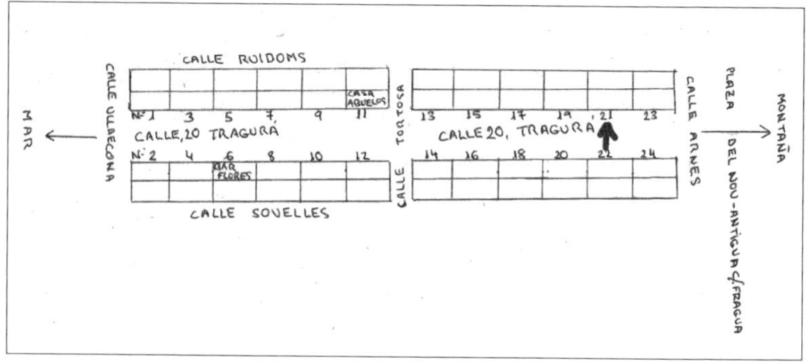

▲ *Dibujo de la calle Tragura realizado por Antonio Santafé Pérez (2019), nieto de los inquilinos del número 11. La flecha indica la casa de Carmen, en el número 21.*

Candel (1925-2007) escrita en 1957. El escritor vivía en ese barrio. El subtítulo de la novela dice: "Ahí donde la ciudad deja de ser ciudad para convertirse en tierra de desheredados". Ese "Ahí" es "Casa Antúnez", un suburbio marginal (a diferencia de la Trinidad que era un barrio obrero), entre el puerto y el cementerio de Montjuic, relativamente cercano al centro de la ciudad. Un lugar, como dice Carmen, de "muchos pobres, muchos niños sucios, muchas chabolas"[96]. Hoy ya no existe ni el barrio ni la calle Tragura. Esta calle, que tomaba el nombre de un pueblecito de la provincia de Gerona (Tregurá de Dalt), estaba ubicada exactamente en las Casas Baratas "Eduardo Aunós", una zona al norte de "Casa Antúnez"[97].

[96] Cf. Vol. 30, p. 99 (C 25).

[97] Las Casas Baratas "Eduardo Aunós" fueron construidas en 1929 para desalojar a los barraquistas de la montaña de Montjuic con motivo de la Exposición Universal que se celebró ese año en Barcelona.

▲ *Bar "Tragura".*

▲ *Calle Tragura en el invierno de 1962.*

▲ *Vista aérea de las Casas Baratas (Grupo "Eduardo Aunós"). La flecha blanca indica la casa de Carmen, el número 21 de la calle Tragura.*

La "casa barata" de Carmen consistía en una vivienda de 51 m² repartidos en 3 habitaciones, una pequeña cocina-comedor y lavabo. Probablemente quien le alquilaba (o realquilaba) la pequeña casa (o algunas habitaciones de ella) era la señora Agustina, de difícil carácter, mencionada repetidas veces por Carmen en sus diarios[98]. De hecho, sabemos por testimonios directos de personas que vivían en la calle Tragura en 1962, que, efectivamente, esta señora Agustina vivía en el número 21 de la calle Tragura, que realquilaba su casa y que tenía mal carácter[99].

---

[98] Cf. Vol. 30, p. 93 (C 20); p. 98 (C 25); p. 101 (C 25); p. 155-157 (P 3).

[99] La señora Paquita Lage, de 73 años, propietaria del estanco Lage (calle Altos Hornos, 70-72), nos dijo que vivió con sus padres en el número 20 de la calle Tragura y que conoció personalmente a la señora Agustina.

▲ *Ubicación actual de lo que era la calle Tragura; en su trazado se construyó este bloque de pisos, situado entre la c/ Arnés y la c/ Ulldecona, paralelo a la c/ Sovelles.*

Después de la crisis de convivencia en el piso de la Trinidad, el deseo de Carmen es irse a vivir sola, pero las cartas que le llegan a la Tragura se dirigen al plural, como las de don Marcelino:

> "El Arzobispo de Valencia a la querida hija Carmen Hernández y a esas otras «chifladas simpáticas como ella por Jesucristo», mi gran bendición"[100].

De hecho, en la Tragura estuvo viviendo con Carmen Cano[101]. También estuvo algunas veces María Luisa Troncoso, pero no se quedó a vivir con ella, quizá por su débil salud, quizá por no compartir sus proyectos. Como hemos dicho, esta había salido del Instituto unos meses antes de Carmen y se encontraba en Barcelona (cf. nota n. 60). Más tarde llegó también, procedente de Inglaterra, Carmel Cooling. Otras personas que aparecen en sus diarios son: Mosén Antón, párroco de la parroquia de Nuestra Señora del Port —la parroquia más cercana a Casa Antúnez—, otro sacerdote, Mosén Torres, ocasionalmente el escritor Paco Candel, así como los nombres de muchas vecinas de las Casas Baratas, etc. No nos ha sido posible contactar con ninguna de estas personas. Algunas ya han fallecido; otras ha sido sencillamente imposible encontrarlas.

Confirmó que esta vivía en el número 21 de dicha calle Tragura, que realquilaba su casa y que tenía un temperamento difícil. No se acordaba de que Carmen estuviera allí, pues en esa época ella tenía unos doce años y Carmen estuvo en la calle Tragura solo ocho meses, cf. "Testimonio de Paquita Lage, recogido por Jorge Borrell y José Casas, 11 de abril de 2022". Carmen habla de la sra. Agustina repetidas veces en sus diarios: cf. Vol. 30, p. 93 (C 20); p. 98 (C 25); p. 101 (C 25); p. 155-157 (P 3).

[100] Cf. "1962-12-31 Tarjeta de d. Marcelino a Carmen Hernández - Vol. 18-1 CNC 360".

[101] Cf. "1964 sin fecha Carta de Carmen Cano a Carmen Hernández - Vol. 18-1 CNC 100".

Carmen llega, pues, a la Tragura en enero de 1963, un invierno riguroso con muchas nevadas. Siente el frío y el fuerte olor a petróleo de los cercanos depósitos portuarios de CAMPSA[102]. Se alimenta pobremente[103]. El jueves 24 de enero Carmen anota que ha empezado a trabajar. No sabemos exactamente dónde. Quizá en "Ideal Plástica flor S. A.", una fábrica de flores artificiales, trabajo que debió "heredar" de Ana María Fraga y Mª José Martí. Quizá era un trabajo a horas que Carmen encontró a través de los anuncios económicos de *La Vanguardia*[104]. ¿En qué consistía este trabajo? Según las pistas que ofrecen sus diarios, el trabajo consistía en coser flores en gorros[105]. El trabajo era duro y mal pagado. Tal vez Mª Luisa Troncoso trabajaba en lo mismo[106].

El domingo 27 de enero anota:

> "Concierto. Amor brujo. Esplendor en la hierba, ¡dulce JESÚS!"[107].

---

[102] "CAMPSA", siglas de "Compañía Arrendataria del Monopolio del Petróleo, S. A.".

[103] El 3 de febrero escribe: "Con la Sra. Agustina - FARINETA, nieva, hace frío ...", cf. Vol. 30, p. 157 (P 3). En Aragón y Cataluña las farinetas son gachas de harina, generalmente de maíz. Es un plato para cuando hace frío, remedio para comidas de poco gasto.

[104] En las últimas páginas de la agenda (P 3), al lado del nombre "Tusel" (que en sus diarios es el nombre que Carmen cita hablando de este trabajo), anota un número de teléfono que aparece frecuentemente en la sección de demandas de trabajo de *La Vanguardia*, p. ej.: "Se busca Operaria para adornos artesanía, sólo mañanas", cf. *La Vanguardia*, 5 de abril de 1963, p. 38.

[105] Cf. Vol. 30, p. 99.

[106] Cf. Vol. 30, p. 157.

[107] Cf. Vol. 30, p. 156 (P 3).

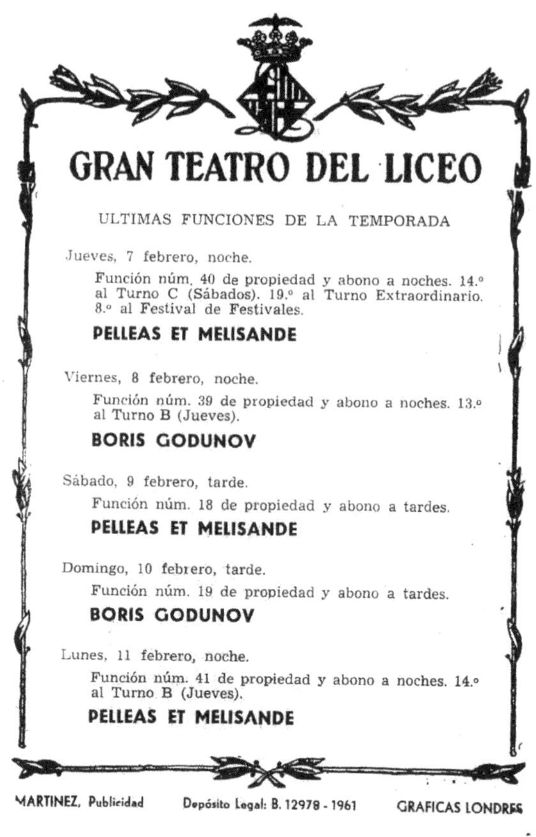

GRAN TEATRO DEL LICEO

ULTIMAS FUNCIONES DE LA TEMPORADA

Jueves, 7 febrero, noche.
Función núm. 40 de propiedad y abono a noches. 14.º al Turno C (Sábados). 19.º al Turno Extraordinario. 8.º al Festival de Festivales.
PELLEAS ET MELISANDE

Viernes, 8 febrero, noche.
Función núm. 39 de propiedad y abono a noches. 13.º al Turno B (Jueves).
BORIS GODUNOV

Sábado, 9 febrero, tarde.
Función núm. 18 de propiedad y abono a tardes.
PELLEAS ET MELISANDE

Domingo, 10 febrero, tarde.
Función núm. 19 de propiedad y abono a tardes.
BORIS GODUNOV

Lunes, 11 febrero, noche.
Función núm. 41 de propiedad y abono a noches. 14.º al Turno B (Jueves).
PELLEAS ET MELISANDE

MARTINEZ, Publicidad — Depósito Legal: B. 12978 - 1961 — GRAFICAS LONDRES

▲ *Folleto de presentación de la ópera "Boris Godunoff" del Gran Teatro del Liceo (Febrero 1963), a la que Carmen probablemente asistió.*

Es posible que ese domingo Carmen haya visto la película de Elia Kazan, "Esplendor en la hierba", anunciada por la cartelera de los cines de la ciudad ese fin de semana y haya asistido al concierto de "El amor brujo", de Manuel de Falla, del cual también informa el calendario de audiciones[108]. El domingo 10 de febrero anota:

---

[108] Cf. *La Vanguardia*, 26 de enero de 1963, p. 30. Unos días después anota: "Rebelión a bordo". Es el título de una película que también estaba en los cines en esos días, cf. *Idem*.

"Boris Godunov, pensión. ROSADA. UNA MALA NOCHE JESÚS"[109].

Del 8 al 11 de febrero el Gran Teatro del Liceo programaba la ópera "Boris Godunov". Es muy probable que Carmen asistiese a la ópera, que la sesión acabase tarde y se quedase a dormir en una pensión cercana al teatro[110].

En todo ese tiempo, sus escritos refieren lecturas de Romano Guardini, Jean Daniélou, Miguel de Unamuno, Divo Barsotti, Rabindranath Tagore, Jacques Loew, Yves Congar, François-Xavier Durrwell, Michel Quoist, y de revistas como "El Ciervo", "Albums Fêtes et Saisons" (edición española), "Selecciones de Teología", etc. Sin embargo, la lectura que Carmen lee y medita día y noche, y de la que sus cuadernos rebosan es la Escritura.

Una semana después la encontramos en Valencia, donde pasó tres días. Regresó rápidamente a Barcelona pues el miércoles 20 de febrero está en el trabajo. Sus anotaciones de los días siguientes se centran en la dureza del trabajo, en el trato inclemente que reciben las trabajadoras, en su soledad, en las difíciles relaciones con las vecinas de la Tragura y, sobre todo, como siempre, en su ¡Dulcísimo Jesús! y en la declaración continuada de su amor por Él, que impregna todos sus escritos. Sigue encontrándose con el p. Farnés[111]. Sigue escribiéndose con su familia y con sus amigas.

---

[109] Cf. Vol. 30, p. 157 (P 3).

[110] Cf. Folleto de presentación, "Gran teatro del Liceo, viernes 8 de febrero de 1963".

[111] Encuentra al p. Farnés el 6 de marzo de 1963: "He ido al Cid he visto a Farnés, me da alegría sólo verle, ponerme delante de alguien de verdad, con mi nombre". Quizá el "Cid" era el "CICF" ("Centro de Influencia Católica Femenina") de Barcelona, donde el p. Farnés también daba clases, cf. Vol. 30, p. 98 (C 25).

El jueves 7 de febrero anotó: "química en el horizonte". El tema de trabajar en "la química" aparece varias veces en sus escritos. Por lo que parece, en ese momento se le abría la posibilidad de trabajar en Madrid, de química, su profesión[112]. Pero el proyecto no cuajó.

El sábado 16 de marzo tiene que dejar el trabajo que había empezado en enero:

> "¡JESÚS!, estoy contenta, nos acaba de echar el Sr. Tusell, no le es grata mi presencia. Redímelo ¡JESÚS! mi última palabra FELICIDADES, y el último gorro blanco"[113].

El martes 26 de marzo empezó un nuevo trabajo en "Neumáticos Pirelli"[114]. No sabemos cómo lo consiguió. Varias personas que en los años sesenta vivían en las Casas Baratas, afirman que muy cerca de la calle Tragura había una fábrica de "Neumáticos Pirelli". Hemos indagado sobre ello y, efectivamente, "Neumáticos Pirelli" tenía una fábrica a ciento cincuenta metros exactos de la calle Tragura. Se llamaba "Pirelli - Cables y Sistemas". Estaba ubicada al lado del Paseo de la Zona Franca en la actual calle de l'Encuny, 22 (en la época, calle del Troquel)[115].

Su paso por esta fábrica será todavía más veloz: durará en ella hasta el 20 de abril:

> "Otra vez en la calle, Jesús somos un problema, Osvaldo, el Sr. Viñas. Adiós Antonio, Manolita, Pepita,

[112] Cf. Vol. 30, p. 102 (C 25).

[113] Cf. Vol. 30, p. 100 (C 25).

[114] Cf. Vol. 30, p. 100 (C 25).

[115] Cf. "Testimonio de Pedro recogido por Jorge Borrell y José Casas, 11 de abril de 2022".

> Ana Mary, Mary Carmen, Pilar y Feli. Nunca me dejan decirles adiós. No nos despedimos de nadie ..."[116].

Como decíamos, el dos de abril Carmel Cooling llegó a la Tragura y se quedó con Carmen.

Poblet - Oruro - Tierra Santa

El 10 de abril, martes santo, Carmen se encuentra en el Monasterio de Poblet (Tarragona), donde celebrará la Semana Santa[117]. ¿Está sola? Una carta de Esperanza Domínguez a Carmen Hernández del 4 de abril nos ofrece alguna pista:

> Queridísima Tragurita de mi corazón. Si supiera vuestras señas de Poblet os escribiría ahí a todas juntitas. Como no ponga en el sobre, para los trashumantes del Norte no se me ocurre otra dirección. Así que para que no os tomen por ganado lanar esperaré a que vuelvas a tu Tragura y te encuentres ahí con mi carta, aunque no estaría mal que os la mandara ahí, al aprisco que habéis hecho en el campo, porque algo de chivas tenemos todas y yo creo que lo que mejor nos va es el monte y las cabras[118]".

Esta carta es de suma importancia pues nos informa que Carmen pasa la Semana Santa con el grupo que estaba con ella en la Tragura (Carmen Cano, Carmel Cooling) o que tenían contacto con Carmen e iban por allí de vez en cuando (María Luisa Troncoso). Parece que se alojaron en tiendas de

---

[116] Cf. Vol. 30, p. 102 (C 25).

[117] Cf. Vol. 30, p. 102 (C 25).

[118] Cf. "1963-04-09 Carta de Esperanza a Carmen Hernández - Vol. 18-1 CNC 181".

campaña o tal vez en alguna casa de retiros cerca del Monasterio. Si tenemos en cuenta este hecho, el itinerario de Carmen de esas semanas, así como alguna de sus menciones autobiográficas, todo nos da a entender que en Poblet, además de celebrar la Pascua, el grupo ha reflexionado sobre la "obra que ya está comenzando"[119], y ha tomado la decisión de irse a América (Oruro, Bolivia). Además, en esta ocasión Carmen comunica al grupo su intención de irse antes a Tierra Santa y a Roma, para reunirse con ellas dos o tres meses después, y así irse juntas a Bolivia. Así lo recordaba Carmen precisamente en Barcelona, el 30 de septiembre de 2003:

> ... tuvimos una reunión en Poblet para embarcarnos, no ya a la India, sino a América, y nos ayudaba mucho el Arzobispo, este Don Marcelino Olaechea, y era para ir a Oruro, y éramos cuatro, y una se fue a Oruro. Yo dije que antes de embarcarme para allí, yo que tenía mucho amor a las Escrituras, quería ir a Palestina, a Israel, y así me fui a Israel[120].

Y también:

> "... quedamos con el obispo para ir a Oruro pero yo antes de embarcarme ... tenía siempre el ideal por la Sagrada Escritura y por muchas cosas que me ha concedido el Señor, ir a Tierra Santa y así me embarqué con otra amiga irlandesa"[121].

Con relación a su interés por ir a Tierra Santa queremos señalar que estando en Londres en 1961 anotó en su agenda una concisa cita del Evangelio de san Mateo (2, 20):

---

[119] Cf. Vol. 30, p. 28 (C 21).

[120] Cf. Vol. 17, p. 193 (MA).

[121] Cf. Vol. 14, p. 82 (MA).

"Vete a tierra de Israel"[122].

Asimismo, en el Anuncio de Pascua de 2013 en Roma, Kiko añadió un importante detalle: él recordaba que Carmen decidió ir a Tierra Santa "siguiendo" a san Ignacio de Loyola:

> "Carmen mi diceva che, quando è uscita, la prima cosa che ha fatto è stato dire al gruppo delle sue amiche che volevano fondare una nuova congregazione per l'evangelizzazione: «Io, seguendo S. Ignazio, vado in Terra Santa» ..."[123].

Como sabemos, este viaje a Tierra Santa tuvo una importancia decisiva para su vocación, para su vida y también para el que será luego el Camino Neocatecumenal. Por lo demás, para futuros y más completos estudios, señalamos cuatro sorprendentes paralelismos entre la estancia de Carmen en Barcelona (1962-1964) y la de San Ignacio de Loyola (1524-1526)[124]:

1. Los dos vivieron un par de años en Barcelona, un tiempo en el que buscaron conocer cuál sería su vocación en la Iglesia.
2. Los dos frecuentaban asiduamente la basílica de Santa María del Mar.
3. Los dos peregrinaron a Tierra Santa desde Barcelona.
4. Los dos vivieron en la calle Princesa[125].

---

[122] Cf. Vol. 30, p. 10 (C 24).

[123] Cf. Vol. 9, p. 222 (MA).

[124] Cf. San Ignacio de Loyola, *Obras, Autobiografía*, n. 35-37.55, Madrid 1991, pág. 121-122.133; Pedro de Rivadeneira, *Vida del bienaventurado Ignacio de Loyola,* Madrid 1880, 62-63.79-83. J. Ignacio Tellechea Idígoras, *Ignacio de Loyola - Sólo y a pie,* Salamanca 1992, 97-99.104-107.

[125] Cf. Juan Creixell Iglesias, *San Ignacio en Barcelona,* Barcelona 1907,

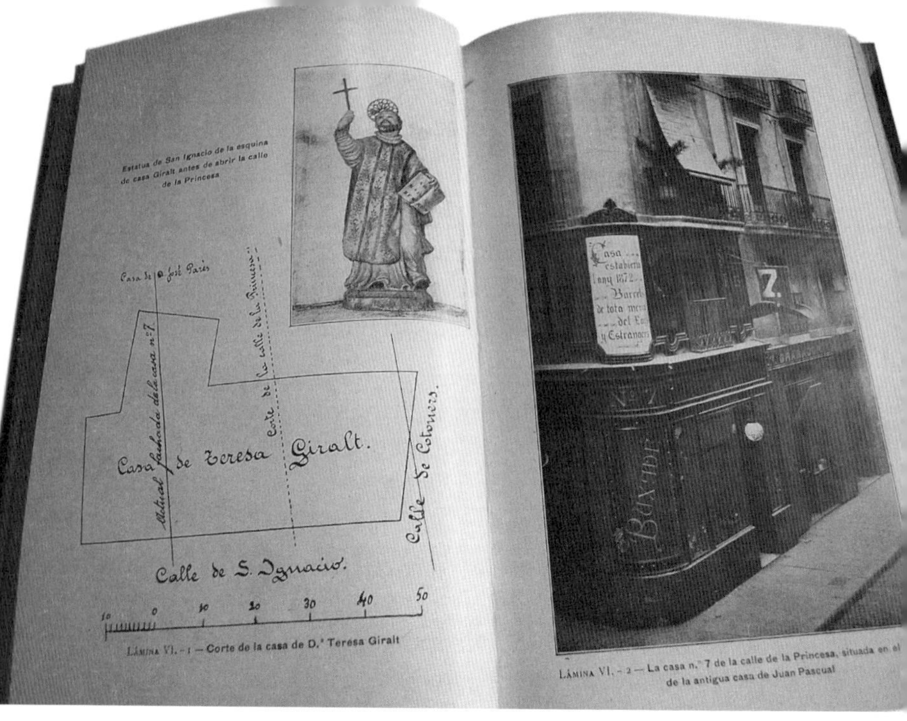

▲ *Foto de la calle Princesa 7 (del libro de* Juan Creixell Iglesias*), lugar donde se alojó San Ignacio de Loyola durante su estancia en Barcelona (1524-1526).*

Entendemos, pues, que entre otros influjos más o menos importantes, Carmen se inspiró principalmente en san Ignacio de Loyola en su intención de viajar a Tierra Santa. Asimismo, creemos que desconocía los paralelismos que hemos

---

Lámina VI y VII. "Siguiendo esta vía aparece la calle Princesa, que al ser trazada en el siglo XIX, derribó la casa en la que se alojó Ignacio durante sus estancias en Barcelona. Justo en la esquina entre las calles Sant Ignasi y Princesa, se encontraba la habitación que alojó al peregrino. La vivienda pertenecía a Agnés Pascual, mujer que lo acogió y lo cuidó, con tanta estima, que el santo, huérfano desde niño, la sentía como "una madre". De la página web de la Compañía de Jesús en España (https://jesuitas.es/es/actualidad/540-san-ignacio-en-barcelona).

señalado —realmente asombrosos—, pues no hay ninguna referencia a ellos en sus diarios, agendas o cartas.

Pero sigamos el curso de los acontecimientos y regresemos a su decisión de ir a Oruro.

¿Por qué eligieron la ciudad de Oruro (Bolivia) como lugar de misión? Es la misma Carmen quien, en una carta del 27 de abril de 1963 dirigida al obispo de esa ciudad, nos explica el motivo de la elección. En la carta, Carmen Hernández, Carmen Cano y Carmel Cooling se presentan al Prelado como un grupo de amigas que no pertenecen a ninguna asociación ni organización:

> "Hoy vemos más necesario disolvernos entre la gente obrera, viviendo como ellos y así quisiéramos hacerlo ahí en Oruro, si Ud. lo juzga oportuno ... especialmente la evangelización de los poblados sin sacerdotes nos gustaría mucho, mas por ahora quisiéramos simplemente vivir entre los trabajadores como unos más" [126].

El motivo de la elección de Oruro, dice Carmen, fue este:

> "Casi pensábamos ir ya a Chile con la misión de Francia, cuando últimamente una exposición sobre Bolivia nos ha decidido sin saber cómo por Oruro y así, Padre, quisiéramos ponernos en contacto con Ud."[127].

Conozcamos más de cerca, en la medida de lo posible, cómo se produjo el cambio de este "ir ya a Chile" al decidirse "sin saber cómo por Oruro". Para ello es necesario retroceder algunos meses. Hemos visto que en el mes de diciembre

[126] Cf. "1963-04-27 Carta de Carmen Hernández al Obispo de Oruro".

[127] *Idem*.

de 1962 (es posible que incluso antes)[128] Chile y la "Misión de Francia" aparecen en el horizonte de Carmen Hernández, Ana Fraga y María José Martí (cf. pág. 20)[129]. Ellas habían establecido contacto con el p. Francisco Huidobro (desconocemos cómo le conocieron), que pertenecía a la "Misión de Francia"[130], mediante carta del 9 de noviembre de 1962. En esa carta debieron expresar al p. Huidobro su deseo de iniciar una actividad misionera en ese país. Lo deducimos por la contestación de este a Carmen y Ana Fraga[131]. En realidad, la respuesta del p. Huidobro ofrece indicaciones generales, un poco vagas, sobre la realidad de Chile. Quizá por este motivo, quizá por la crisis de convivencia que se dio entre Ana Fraga, María José Martí y Carmen Hernández en la Trinidad Nueva, el proyecto de Chile se eclipsó.

---

[128] Cf. "1962 [Agosto] Borrador de carta de Carmen Hernández a las Superioras CNC 215".

[129] "Carta de F. Huidobro a Carmen Hernández y Ana Mª Fraga - Vol. 18-1 CNC 104", del 10 de diciembre de 1962.

[130] El seminario de la "Mission de France" nació en 1942, bajo el impulso del arzobispo de París, cardenal Suhard con la finalidad de formar sacerdotes diocesanos para el servicio de evangelización de diócesis francesas pobres en vocaciones sacerdotales. En 1954 Pío XII le dio su estatuto de diócesis (Prelatura territorial), que sigue manteniendo hasta el día de hoy. La Misión de Francia tuvo una gran notoriedad en los años 50 y 60 pues muchos sacerdotes de la Misión se hicieron curas obreros manteniendo posiciones políticas y sindicales de izquierda. En la actualidad cuenta con un obispo, con un solo presbítero, quince diáconos, ochocientos laicos, cf. https://missiondefrance.fr/histoire-en-3-dates/, https://it.wikipedia.org/wiki/Missione_di_Francia.

[131] No tenemos la carta de Carmen y Ana Fraga al p. Huidobro, pero sí la carta de respuesta de este en la que hace referencia a la carta de Carmen y Ana Fraga del 9 de noviembre del 1962, cf. "Carta de F. Huidobro a Carmen Hernández y Ana Mª Fraga - Vol. 18-1 CNC 104", del 10 de diciembre de 1962.

Volviendo a su carta de presentación al obispo de Oruro, Carmen dice: "últimamente una exposición sobre Bolivia nos ha decidido sin saber cómo por Oruro". La exposición a la que Carmen se refiere es, muy probablemente, la exposición de la que da noticia el periódico *La Vanguardia,* organizada por el Secretariado de Misiones y Propaganda de los padres jesuitas con el título "Jesuitas en Bolivia", realizada en la Casa de las Congregaciones Marianas (calle Rosellón 223), exposición que tuvo lugar del 17 al 25 de marzo de 1963[132].

Es presumible, por tanto, que Carmen visitara esta exposición (otra vez aparece su "substrato jesuítico" y su amor hacia la Compañía de Jesús) y viera en ella como una "indicación" para iniciar una posible misión en ese país americano.

Tres datos parecen confirmar esta hipótesis. Primero: en su diario (miércoles 3 de abril) Carmen se pregunta, "¿Oruro? ¿Cochabamba?"[133]. Segundo: Carmen se puso en contacto (quizá telefónicamente) con don Marcelino Olaechea el 27 de abril de 1963 pidiéndole urgentemente unas letras de presentación al obispo de Oruro, Jorge Manrique Hurtado, religioso salesiano como don Marcelino. Tercero: la veloz carta de respuesta de don Marcelino a la petición de Carmen[134].

Después de haber tomado la decisión en Poblet de irse a Oruro, Carmen y sus dos amigas (Carmen Cano y Carmel

---

132 *La Vanguardia*, miércoles, 13 de marzo de 1963, pág. 28; id. miércoles, 20 de marzo de 1963, pág. 32; id. domingo, 24 de marzo de 1963, pág. 27.

133 Cf. Vol. 30, p. 101 (C 30).

134 En su carta de respuesta, don Marcelino dice a Carmen: "Ahí te envío estas letras que me pides para el Sr. Obispo de Oruro" y "si necesitáis un informe más, con gozo lo haré como pidáis y con mucho gusto" (*el "con mucho gusto" está subrayado dos veces, nda*), cf. "1963-04-28 Carta de D. Marcelino a Carmen Hernández CNC 70".

▲ *Barrio del Somorrostro, Barcelona (1960).*

Cooling) se han puesto en contacto con el obispo de esa ciudad, han recibido el apoyo de don Marcelino y preparan su ida a América. Al mismo tiempo, Carmen empieza a preparar su viaje a Tierra Santa. Y simultáneamente sigue trabajando en varias fábricas de la Ciudad Condal. Veamos ahora cómo se desarrollan estos cuatro meses antes de salir hacia Tierra Santa.

Retomemos, pues, el itinerario de Carmen en Barcelona. Desde Poblet Carmen regresó a Barcelona el día 17 de abril, para continuar su trabajo en "Neumáticos Pirelli", en el que cesó tres días más tarde. El lunes 29 de abril empezó a trabajar en las "Hilaturas Caralt-Pérez, S.A.", situadas en la calle Aprestadora de L'Hospitalet de Llobregat:

> "HILATURAS C.P. Primer día, máquina 11 y 23, Natividad y Carmen, polvo y ruido"[135].

---

[135] Cf. Vol. 30, p. 102 (C 25).

En un encuentro del 11 de enero de 1984, Carmen recordaba la dureza del trabajo en las máquinas hiladoras:

> "... he trabajado en fábricas como Hilaturas Caralt y Pérez, con el ruido que tiene esa fábrica, con las mujeres que trabajaban allí 25 años, viven todo el día diciendo tacos y el sexo es allí una obsesión, porque para aguantar allí nada más el ruido de las máquinas de las hiladoras era algo espantoso ..."[136].

El trabajo en las Hilaturas duró pocos meses, probablemente hasta el sábado 11 de mayo[137].

Inmediatamente después Carmen va a Valencia, donde se encuentra con su amiga Carmen Elías (que salió de las Misioneras de Cristo Jesús unos meses después que Carmen)[138]. Unos días más tarde prosigue por la provincia de Castellón (Benicasim)[139], donde se encontraban Ana Fraga y María José Martí[140]. Podemos deducir fácilmente el porqué de este viaje: después de la Semana Santa pasada en Poblet con el grupo de la Tragura, Carmen se encuentra con Carmen Elías, Ana Fraga y María José Martí para hacerles

---

[136] Cf. Vol. 17, p. 66 (MA).

[137] De esos días es una probable visita de Carmen al barrio del Somorrostro, otro pobrísimo barrio de barracas al norte de la playa de la Barceloneta. El barrio estaba habitado fundamentalmente por población gitana. La zona fue remodelada y desapareció definitivamente en 1966, cf. Vol. 30, p. 103 (C 25).

[138] Cf. Vol. 30, p. 159 (P 3).

[139] Cf. Vol. 30, p. 160 (P 3).

[140] "Testimonio de Vicente Latre, recogido por Jorge Borrell y José Casas, Benicasim, 23 de octubre de 2021".

partícipes de las decisiones que habían tomado en Poblet y vincularlas al proyecto.

Los planes sobre Oruro se concretan todavía más con la carta del 24 de mayo del obispo de esa ciudad, en la que este responde a Carmen agradeciéndole su "noble propósito" y el de "sus otras dos compañeras", de escoger Oruro como "campo de trabajo apostólico"[141]. El obispo agradece también la carta de recomendación de don Marcelino[142].

Después de Benicasim, Carmen regresó enseguida a Valencia y desde allí salió en tren a Barcelona el 1° de junio. El dos de junio celebró Pentecostés en Barcelona. A partir de ese momento todas las anotaciones de Carmen en su cuaderno, diario y cartas, están centradas en la preparación de su viaje a Israel, en el que, como sabemos, la acompañará Carmel Cooling.

El cinco de junio, anotó en su agenda el nombre de Sebastián Fábregas, dueño de la librería "Hogar del Libro" en el centro de Barcelona. El Sr. Fábregas no sólo era dueño de esa librería —uno de los lugares donde Carmen solía pasar mucho tiempo— sino que también presidía la asociación "Agermanament" ("Hermanamiento"), de origen francés, que promovía el envío de misioneros religiosos o laicos a las misiones. El Sr. Fábregas, que vive hasta la fecha, no se acor-

[141] Cf. "1963-05-24 Carta del Obispo de Oruro a Carmen Hernández - Vol. CNC 50".

[142] El mismo día, el obispo de Oruro escribió a don Marcelino agradeciéndole "la noticia de las Srtas. Carmen Hernández, Carmen Cano, Carmel Cooling". Así mismo, le comunica su intención de "darles un campo minero, [*donde, nda*] se ganarán fácilmente a los mineros abandonados y que necesitan un poco de cariño", cf. "1963-05-24 Carta del Obispo de Oruro a don Marcelino".

daba de Carmen. Él nos explicó las finalidades y los métodos de dicha organización y que desde su despacho pagó los viajes de muchos misioneros[143]. En un borrador de carta del 17 de junio de 1962, Carmen habla de una "organización seglar que paga el viaje", que bien podría ser la del Sr. Fábregas[144].

El 12 de junio Carmen escribió al secretario de don Marcelino, don Joaquín Mestre, pidiendo otras dos cartas de recomendación (para ella y para Carmen Cano)[145].

El mismo día Carmen se fue a Madrid (quizá en autostop) y de allí siguió hasta La Granja (Segovia) donde hizo las "Ejercitaciones" del p. Lombardi en la casa que el movimiento "Por un mundo mejor" tenía en esa localidad. Desde tiempo atrás Carmen seguía la experiencia del p. Ricardo Lombardi, S.J.; hay en sus diarios alguna cita de sus escritos y alusiones a su apostolado. En ese momento, antes de irse a Tierra Santa y (según su intención de entonces) después a Bolivia, Carmen hizo las "Ejercitaciones". Seguía el consejo que su amiga Esperanza Domínguez le dio en una carta del 9 de abril de 1963[146]. Acabadas las "Ejercitaciones", escribió

---

143 "Testimonio del Sr. Sebastián Fábregas recogido por Jorge Borrell, Barcelona, 23 de enero de 2020".

144 "Hay una organización seglar (ya me enteraré con más detalles de todo a ver qué es lo que nos conviene) que paga el viaje y se compromete uno a trabajar con ellos 2 años, debe ser en escuelas pobres. A mí esto, a simple vista, no me parece mal, pues nos dan el salto y ya estamos allá, y los 2 años mientras nos aclimatamos y cogemos experiencia, no nos irá mal, en cualquier caso"; cf. Vol. 30, p. 76 (C 19).

145 Cf. "1963-06-14 Carta de Carmen Hernández a D. Joaquín Mestre – Vol. 19 ACV 15".

146 Cf. "1963-04-09 Carta de Esperanza Domínguez a Carmen Hernández – Vol. 18-1 CNC 181".

a su ex Madre General pidiéndole una carta de recomendación para el obispo de Oruro y otra para el p. Lombardi "para que pudiera presentarla en mi *curriculum vitae* si fuera necesario"[147].

El jueves 20 de junio se produjo la elección del Papa Pablo VI; Carmen anotó en su agenda:

> "Habemus Papam. 11,20. Cardenal MONTINI - Paulo VI. Viva".

Del 21 de junio de 1963 es su "Cartilla de Misionera Auxiliar", expedida por el Consejo Superior de Misiones (Ministerio de Asuntos Exteriores), en la que se declara a Carmen "Misionera seglar" por el Arzobispado de Valencia (o al menos por él reconocida) y a Bolivia como su país de destino[148].

Después de las "Ejercitaciones", Carmen regresó a Madrid y el martes 25 de junio volvió a Barcelona. Prosigue su preparación del viaje a Israel. En su cuaderno encontramos anotaciones sobre vacunas, máquina de retratar (que pedirá a su hermano Elías y con la que hizo las bellísimas fotos que conocemos), libros, direcciones, guía de albergues, mochila y dinero[149]. Carmen va pobrísima a Tierra Santa. Pensamos que Sebastián Fábregas le facilitó ayuda económica[150].

---

[147] Cf. "1963-07-03 Carta de Carmen Hernández a la Hermana Mª Concepción - Vol. 18-1 CNC 26".

[148] Cf. "Cartilla de Misionera Seglar de Carmen Hernández Barrera, Ministerio de Asuntos Exteriores, Madrid, 21 de junio de 1963".

[149] Del 20 de julio de 1963 es su "Carnet de Albergues", expedido por la Oficina de Viajes Universitarios y Juveniles, Delegación de Barcelona, cf. Carnet de Albergues 20 jul 1963.

[150] "SEBASTIÁN, firma, cheque", cf. Vol. 30, p. 162 (P 3).

El 17 de julio viajó en tren a Madrid, donde tuvo algunos contactos, ultimó algunas compras, retiró su pasaporte y obtuvo los visados para Egipto, Líbano, Siria y Jordania. El 1º de agosto estaba otra vez en Barcelona. Ese día escribió en su agenda:

> "Alegría, empiezo a sentirme camino de Tierra Santa" [151].

Del 23 de julio es la carta del obispo de Oruro a Carmen en la que le comunica la dificultad de la diócesis para ayudarla económicamente en su viaje a Bolivia y que las hermanas de la congregación Jesús-María se encargarían de acogerlas inicialmente a su llegada al país[152].

En una carta a don Marcelino del 4 de agosto, Carmen le informaba de su inminente partida a Tierra Santa:

> "Salgo esta noche [*4 de agosto, nda*] de Barcelona camino de Marsella donde embarcaremos para Beirut el 7, vamos en plan franciscano, con la Biblia y el corazón y muchísimo amor. Estaremos 2 meses, trabajaremos en algunos Kibutz y lo contemplaremos todo serena y reposadamente"[153].

El 4 de agosto Carmen y Carmel Cooling salen de Barcelona hacia Marsella, probablemente en autobús[154]. De su paso por Marsella tenemos el testimonio directo de Vicente Latre,

---

[151] Cf. Vol. 30, p. 163 (P 3).

[152] Cf. "1963-07-23 Carta del Obispo de Oruro a Carmen Hernández".

[153] Cf. "1963-08-04 Carta de Carmen Hernández a D. Marcelino Olaechea - Vol. 19 ACV 16".

[154] Cf. "1962-04-28 Folleto transporte Barcelona-Marsella". Probablemente en autobús siendo este el medio de transporte más económico.

viudo de Mª José Martí, entonces novicio de los Pequeños Hermanos de Jesús (Ch. de Foucauld) en esa ciudad:

> Me quedé sorprendido, no sé por qué vino Carmen, no me pidió nada. Vino a verme. De pronto llamaron, abrí la puerta y era ella. Me dijo: "Vicente, ¿no te acuerdas de mí? Estoy de paso para irme a Israel a un kibutz". Me preguntó qué es lo que hacía, se dio cuenta de cómo vivíamos en la fraternidad y nada más. No sé dónde se alojó ... Carmen sabía, supongo que por María José (*Martí, nda*), que me encontraba en Marsella. Fue una visita de gentileza, no me pidió nada. Me dijo que iba a Israel, a un kibutz. Me sorprendió, supongo que tenía la inquietud de conocer una vida colectiva y quería experimentar, o ver, o analizar cómo funcionaba un kibutz[155].

Es de suponer que si salieron el cuatro de agosto de Barcelona, el cinco llegaron a Marsella y el mismo día cinco o el seis se encontraron con Vicente Latre. No sabemos dónde se alojaron esas dos noches. Finalmente, el siete de agosto, a las seis y media de la tarde, se embarcan en una nave de bandera turca hacia Beirut. Después de hacer escala el lunes doce de agosto en Alejandría de Egipto, llegarán a la capital del Líbano el martes trece a las dos de la tarde[156].

---

[155] Carmen Hernández y Vicente Latre se habían conocido en Valencia, por medio de María José Martí, cuando ella estudiaba teología en esa ciudad. Cf. "Testimonio de Vicente Latre recogido por Jorge Borrell y José Casas, Benicasim, 23 de octubre de 2021".

[156] Sobre el tiempo de Carmen en Tierra Santa, cf. FRANCESCO VOLTAGGIO, *Están en ti todas mis fuentes*, Madrid 2023; cf. también, AQUILINO CAYUELA, *Carmen Hernández – Notas biográficas*, 141-172, Madrid 2021.

Pensaban estar en Tierra Santa unos dos o tres meses, de agosto hasta octubre o noviembre de 1963, y prolongar su viaje de vuelta a España pasando por Roma, luego partirían a Oruro; pero ya al mes de llegar a Tierra Santa Carmen y Carmel Cooling toman la decisión de quedarse un tiempo más. Así lo documenta una carta del mes de septiembre de Carmen Cano a Carmen en la que esta les anuncia que se irá a Oruro próximamente:

> Me parece extraordinario que os quedéis por esas tierras santas, que saboreéis despacito el gran misterio de Cristo. Ya lo esperaba. Pero ¿cómo no me habéis dicho nada antes? ¿O ha sido decisión repentina? ¿Cómo podía escribiros, sin saber ni por dónde andabais? Yo, Carmen, no oirás mi grito baturro. Sólo suplicaros sincerísimamente que recéis por mí y sobre todo por mis padres. El golpe que acabo de darles es duro, el día 31 me sale el barco y voy sola[157].

[157] Cf. "1963-09-16 Carta de Carmen Cano a Carmen Hernández - Vol. 18-1 CNC 98".

III

5-11 de julio de 1964

Haifa - Roma - Barcelona

Carmen regresó sola a Barcelona once meses después, el 5 de julio de 1964. Carmel Cooling se quedó en Tierra Santa de común acuerdo con Carmen.

En Tierra Santa Carmen sintió que el Señor la estaba guiando hacia una misión que todavía desconocía. Después del tiempo de sufrimiento en Barcelona —antes y después de salir de las Misioneras— vemos que en los escritos del viaje a Tierra Santa Carmen ha recuperado la alegría y el respiro del alma. Sin embargo, el propósito de ir a Oruro, al menos inmediatamente, decayó otra vez, pues a este se añadió la posibilidad de vincularse, o inspirarse, en la obra del p. Paul Gauthier al que Carmen conoció en Nazaret[158]. En realidad, Carmen dudaba sobre si alguno de estos dos planes era o no voluntad de Dios[159]. Se preguntaba una y otra vez: "Señor, ¿qué sitio tengo yo en la Iglesia?"[160]. Después del año en Tierra Santa, y en particular de sus experiencias en la Roca del Primado de Pedro a orillas del lago de Tiberíades y en Ein Karem, Carmen advertía que los horizontes de su vocación se habían ensanchado enormemente y que su vocación era para toda la Iglesia. No sabía aún cómo se encauzaría.

Antes de retomar los días de la última semana de Carmen en Barcelona y de seguir sus pasos, pensamos que es de interés considerar el mes que transcurre entre la salida de

---

[158] Cf. Vol. 6, p. 283 (MA); Vol. 14, p. 118 (MA); Vol. 5, p. 544 (MA).

[159] Cf. Vol. 9, p. 70 (MA).

[160] Cf. Vol. 3, p. 97-98 (MA).

▲ *Barco "Adana" de bandera turca, en el que Carmen viajó de Haifa a Nápoles (junio de 1964).*

Carmen del puerto de Haifa (Israel) el 7 de junio y su llegada a Barcelona el domingo 5 de julio de 1964.

Ella no viaja directamente de Haifa a Barcelona, sino de Haifa a Nápoles. Su intención era acabar su viaje a Tierra Santa en Roma, en San Pedro concretamente. Carmen tenía esta intención desde tiempo atrás. En 1990 ella recordaba que:

> "... a la vuelta de Israel me fui a Roma y a San Pedro. Todas las visitas que ahora están haciendo las comunidades, es como si Dios nos las hubiera hecho hacer antes"[161].

---

[161] Cf. Vol. 5, p. 198 (MA).

Como decíamos, Carmen se embarcó en el puerto de Haifa (Israel) el 7 de junio de 1964 hacia Nápoles (Italia) en el buque "Adana", una nave de pasajeros de bandera turca. Anotó el paso del barco por Creta, Sicilia, Stromboli y su llegada a Nápoles el 11 de junio. Durante los días del viaje anotó también el nombre de un pasajero, Sören Birkhammar, un joven sueco. Sören Birkhammar (81 años) vive todavía en Suecia, lo hemos contactado y se acordaba de Carmen. Nos dijo:

> "Durante la travesía de Haifa a Nápoles hablamos mucho. Una vez en Nápoles nos hospedamos en un convento de la ciudad (*no se acuerda cuál, nda*), al día siguiente visitamos Pompeya y después fuimos a Roma en un camión. Al cabo de dos años Carmen me envió una fotografía de nuestra visita a Pompeya"[162].

Esta información concuerda con lo que Carmen recordó en Asís el 29 de marzo de 1988:

> "... después de Tierra Santa vine a Nápoles. Recuerdo que aquí hay un barrio que se llama «quartieri spagnoli». Ahí había unas monjas que me hospedaron, las mismas que me hospedaron en el Líbano"[163].

El sábado 13 de junio Carmen llegó a Roma con Sören Birkhammar en autostop[164]. Además del testimonio oral de Sören Birkhammar, tenemos una carta suya a Carmen, del 22 de diciembre de 1964, en la que le recuerda "el día pasado

[162] Cf. "Testimonio de Sören Birkhammar recogido por Laura Ricci, Estocolmo, 17 de julio de 2020".

[163] Cf. Vol. 16, p. 232 (MA).

[164] Cf. Vol. 15, p. 120 (MA).

en Pompeya" y "la caminata en Roma"[165]. Una vez en Roma, Carmen se separó de él.

En Roma Carmen se hospedó muy probablemente en la casa de las Misioneras Cruzadas de la Iglesia. Nos ofrece una pista de ello la anotación de la dirección de la casa general de esta Congregación en Roma en su agenda[166]. ¿Por qué se hospedó ahí? No lo sabemos, pero sí es de notar que esta Congregación fue fundada en Oruro (Bolivia), en 1925, por la española Santa Nazaria Ignacia March Mesa (1889-1943)[167].

Se quedó en Roma hasta el 25 de junio. En doce días hizo muchas visitas: San Pedro en primer lugar, las otras basílicas, iglesias, museos, catacumbas, Vaticano, Capilla Sixtina, Gregoriana, así como otros muchos lugares de la ciudad y alrededores (Tívoli, Castelgandolfo, Albano, Rocca di Papa, etc.). ¿Cómo pudo hacer tantas visitas en tan poco tiempo? El lunes 15 de junio anotó en su agenda el nombre y la dirección de Venanzio Lucernoni[168]. Venanzio Lucernoni (76 años) vive todavía y lo hemos contactado en Roma. Se acordaba perfectamente de Carmen (ignoraba qué es el Camino Neocatecumenal), nos dijo:

> "Tenía 17 años cuando conocí a Carmen. Me encontraba con la vespa bajo la columnata de San Pedro. Carmen se acercó para pedirme una información de una calle y yo mismo me ofrecí para acompañarla con la

[165] Cf. Vol. 18-1, p. 431.

[166] Cf. Vol. 30, p. 191, (P 4).

[167] Por tanto, es probable que el alojamiento le fuera indicado por Mons. Jorge Manrique, obispo de Oruro, al que Carmen encontró unos meses antes en Tierra Santa, cf. Vol. 30, p. 171.

[168] Cf. Vol. 30, p. 191, (P 4).

> vespa. Fui con ella a la basílica de San Pablo y a otras iglesias de Roma. Carmen me pidió si al día siguiente la podía acompañar a Villa Adriana en Tívoli. Allí me hizo unas fotos que luego me envió. Le respondí con dos postales. Me acuerdo todavía de su dirección: calle Narváez, Madrid. Carmen conocía Roma y sabía qué quería visitar. Me acuerdo que la acompañé también a la Iglesia de san Luis de los Franceses, a ver la tela de Caravaggio. Era una persona benévola y mística que no he olvidado"[169].

Desde Roma fue a Asís en autostop, en un camión que transportaba quesos[170]. En Asís estuvo cinco días, del 26 al 30 de junio. Visitó la basílica de San Francisco, San Damián, Santa Clara, Rocca Maggiore, Santa María de los Ángeles. Probablemente se hospedó en casa de la señora Mantoane (o Mantovani), de la que anotó su dirección y en algún convento de monjas[171]. El 1° de julio fue a La Verna, y se quedó allí hasta el día 3. Años después, Carmen recordaba así su visita a Asís:

> "... Ho pensato quei giorni ad Assisi, consolata, che Dio stava preparando qualcosa per me. Ero senza soldi, ma Dio aveva provveduto in ogni cosa, mi aveva portato da alcune suore che parlavano spagnolo e mi

[169] Cf. "Testimonio de Venanzio Lucernoni recogido por Paolo d'Innocenzo, Roma, 11 de marzo de 2020". Venanzio Lucernoni nos ha remitido copia de tres fotografías que Carmen le hizo cuando visitaron "Villa Adriana", Tívoli (15 de junio de 1964) y que después ella le envió desde España. En el dorso de las tres fotografías figuran tres pequeños escritos de Carmen. Venanzio Lucernoni, a su vez, escribió dos postales a Carmen: cf. "1964-07-23 - Vol. 18-1 CNC 174"; "1964-09-03 - Vol. 18-1 CNC 90".

[170] Cf. Vol. 15, p. 120 (MA).

[171] Cf. Vol. 15, p. 120 (MA).

> hanno dato da mangiare. Un padre francescano che mi ha voluto molto bene mi disse: «Vieni domani che parti con due o tre persone per La Verna con un taxi». Arrivo al mattino e iniziano a litigare. Allora il frate mi ha detto: «Tu vai con il taxi da sola» ..."[172].

En su agenda anotó el nombre del p. Nazareno Perucchini, que bien podría ser el padre franciscano que la ayudó. A su llegada a La Verna en taxi anotó en su agenda: "A La Verna de reina".

Barcelona - Madrid

El tres de julio salió de La Verna hacia Florencia, un trayecto donde parece que hubo algún contratiempo, y el cuatro de julio salió de Florencia en tren hacia Barcelona, vía Port Bou, adonde llegó un día después.

Durante esas semanas Carmen Cano escribió varias cartas a Carmen manifestándole que la seguía esperando en Bolivia, sin embargo, Carmen regresaba a Barcelona con otra intención: la de llevar a sus amigas Ana Fraga y María José Martí a Tierra Santa. Es más, Carmen había esperado inútilmente que las dos hubieran viajado antes a Tierra Santa[173].

---

[172] Cf. Vol. 15, p. 120 (MA).

[173] Cf. "1964-01-01 Carta de Carmen Hernández a la Superiora General AGMCJ 106". En esta carta Carmen da a conocer otro deseo suyo: el de irse también a la India después del tiempo pasado en Tierra Santa y antes de embarcarse a América desde España: "... es posible que antes de volver a España vayamos a la India". En este sentido también: "... los libros y el laboratorio *[está hablando de su trabajo en el Instituto Technion de Haifa, nda]*, dan también dinero, mucho, lo que va a hacer posible que visitemos la India antes de volver a España a embarcar a América. La India fue el

Por tanto, pensaba encontrarlas en Barcelona, pero, en realidad, ya no estaban ahí. Las dos estuvieron en Barcelona hasta primeros de diciembre de 1963[174]. De Barcelona fueron a Madrid, donde llegaron a finales de ese año. Una vez más los planes de Carmen se alteraron por completo:

> "... volví a Barcelona pensando coger a mis amigas para llevarlas a Nazaret y formar una cosa con hombres, que era el p. Gauthier ..."[175] .

> "... eran cosas tan maravillosas que me fui a España para hablar de esto a mis amigas y unirnos al p. Gauthier y cuando llego a Barcelona me encuentro que dos de ellas ya no estaban en Barcelona, se habían ido

---

eterno sueño misionero de mi vocación de niña", en "1963-12-21 Carta de Carmen Hernández a don Marcelino ACV 18".

[174] Cf. "1963-11-14 Carta de Carmen Cano y Carmen Elías a Carmen Hernández - Vol. 18-1 CNC 94"; "Sin fecha, Carta de Carlos José Benlloch y Carmen Elías a Carmen Hernández CNC 71". La ida de Ana Fraga y María José Martí a Madrid en el mes de diciembre de 1963 está también documentada por esta anécdota referida por Vicente Latre en su testimonio: "Estaban realquiladas (*Ana Fraga y María José Martí, nda*) en casa de esa señora muy mayor que vendía lotería (*Paquita, nda*). María José me contó esta anécdota: «Una noche llegamos a dormir y la señora nos dice: 'Hoy han matado a Kennedy y al presidente de los Estados Unidos' ... No ataba cabos, creía que eran dos personas». Es una anécdota que les dijo ese día la señora que las tenía realquiladas. La anécdota me la contó muchas veces", cf. "Testimonio de Vicente Latre recogido por Jorge Borrell y José Casas, Benicasim, 23 de octubre de 2021"; cf. también, "Testimonio de Ana María Fraga recogido por d. Luis Gahona Fraga, La Coruña, 21 de agosto de 2021". John F. Kennedy fue asesinado el 22 de noviembre de 1963, por tanto, teniendo en cuenta las cartas citadas anteriormente y el testimonio de Vicente Latre, Ana Fraga y María José Martí debieron irse a Madrid en el mes de diciembre de 1963.

[175] Cf. Vol. 3, p. 85-86 (MA).

> a vivir a Madrid, a Vallecas, y la otra se había ido sola a Bolivia ..."[176].

Y también:

> "... yo vine a Madrid nada más que para llevarme a mis amigas a Israel, que había ya preparado una casa y todo, gracias a los franciscanos. Ellas de repente ya no quisieron ir (una era una Fraga y la otra una artista como Kiko) no quisieron embarcarse y se fueron a vivir a Vallecas ..."[177].

Las anotaciones en su agenda de esos siete días en Barcelona son parcas en informaciones. El domingo cinco de julio, el día de su llegada a Barcelona, anotó:

> "BARCELONA. Anchamente, sin oír tu voz, Te encuentro en el pasado a través de mí misma. Confesión. Te amo" [178].

El martes siete de julio, día de san Fermín, se cumplían dos años de su no admisión a los votos perpetuos:

> "San Fermín. ¿Te acuerdas? 2 años, gracias, Jesús, otra vez Barcelona" [179].

El miércoles ocho escribió en su agenda los nombres de dos localidades del área metropolitana de Barcelona, Molins de Rei y Valldoreix, que probablemente visitó. El jueves nueve de julio estaba en Barcelona (plaza Lesseps). El diez en la población de Castelldefels. Nos intriga saber el porqué de

---

[176] Cf. Vol. 17, p. 97 (MA).

[177] Cf. Vol. 7, p. 77 (MA).

[178] Cf. Vol. 30, p. 194 (P 4).

[179] Cf. Vol. 30, p. 194 (P 4).

esos desplazamientos pues no lo conocemos. El diez anotó también que había tomado la decisión de irse a Madrid. En su diálogo continuado con Jesucristo escribió: "Jesús estoy contenta. Nos vamos, ven"[180].

El once de julio viajó en tren a Madrid para encontrarse con Ana Fraga y María José Martí, que estaban en el barrio de Palomeras:

> "... la cosa es que estas se habían instalado en Palomeras cerca de Kiko, se habían instalado con los pobres allí y no querían salir de Madrid ... me encuentro que ellas no se querían embarcar y no sabía qué hacer. Llegó un momento que no sabía qué hacer".

Carmen Cano en Bolivia, Carmel Cooling en Tierra Santa, Ana Fraga y María José Martí en Madrid: Carmen no sabía qué hacer. La sorpresa de Carmen fue comprobar que estas dos últimas se habían politizado completamente y se hallaban en plena lucha obrera, asociadas al sindicato de Comisiones Obreras[181]. Carmen las visitó en Palomeras, habló con ellas pero fue inútil, "no querían dejar Madrid ni irse a ningún sitio"[182].

En ese momento Carmen sintió que Dios, cerrándole otra vez todas las puertas, le dio a entender que el plan que tenía para ella no era fundar una congregación o asociación:

---

[180] Cf. Vol. 30, p. 194 (P 4).

[181] Sindicato vinculado al Partido Comunista de España, fundado en 1962. Cf. Vol. 5, p. 267 (MA).

[182] Con relación a la presencia de Carmen en Vallecas y a su encuentro con Ana María Fraga en este lugar, tenemos también el testimonio de Ana María Fraga: "Yo me acuerdo de que Carmen estaba en La Fortuna y yo en Palomeras", cf. "Testimonio de Ana María Fraga recogido por d. Luis Gahona Fraga, La Coruña, 21 de agosto de 2021".

▲ *La ciudad de Barcelona desde el Tibidabo.*

> "... dopo i tentativi che ho fatto di fare fondazioni con le mie amiche e dopo il tentativo di fare una cosa mista con uomini, attraverso il p. Gauthier, il Signore mi ha fatto capire che il piano che aveva per me non era per una congregazione, ma che era per la Chiesa, né associazioni, né niente ..."[183].

Pero Dios tenía sus planes:

> "Ma Dio aveva i suoi piani e in Madrid conobbi Kiko Argüello"[184].

Dios la estaba acorralando, cerraba todos sus caminos hasta llevarla a Madrid, el último lugar donde quería ir, para encontrarse con Kiko Argüello.

---

[183] Cf. Vol. 9, p. 161 (MA).

[184] Cf. Vol. 6, p. 283 (MA).

Plano de Barcelona, año 1961

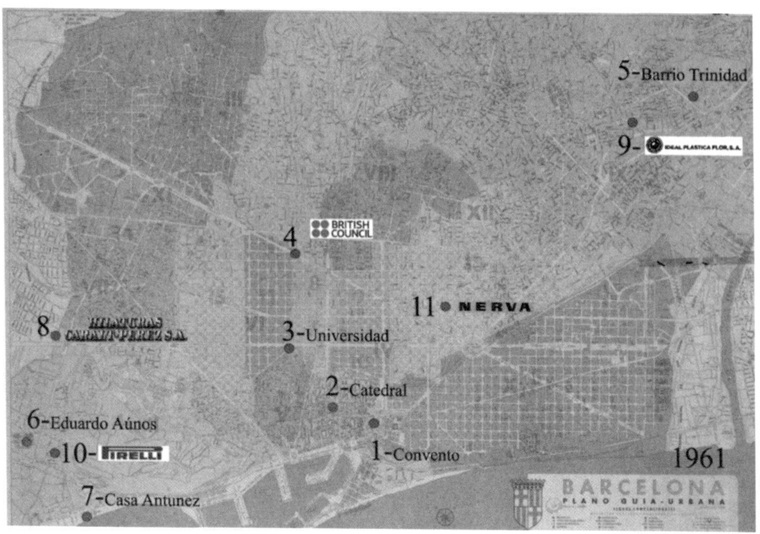

Ubicación de algunos de los lugares de Barcelona donde Carmen vivió, trabajó y estudió (1962-1964).

1. Residencia de las "Misioneras de Cristo Jesús", Calle Princesa, 52.

2. Catedral de Barcelona y Museo Marès.

3. Universidad Central de Barcelona.

4. "British Council", Avenida Diagonal, 530-532.

5. Barrio de la "Trinidad Nueva".

6. Casas Baratas "Eduardo Aúnos", Calle Tragura.

7. Barrio de "Casa Antúnez".

8. "Hilaturas Caralt-Pérez S.A.", Calle Aprestadora, Hospitalet de Llobregat.

9. "Ideal plástica flor S.A.", Paseo Valldaura, 213.

10. "Pirelli - Cables y Sistemas", Calle Troquel (actual Calle L'Encuny), Zona Franca.

11. "Generos de Punto Nerva", Calle Valencia, 488.

Apéndice

Encuentro de Kiko, Carmen y P. Mario con las Comunidades Neocatecumenales de Barcelona, Sitges (Barcelona) – Viernes, 20 de mayo de 1994[185]

CARMEN:

Lo único que os voy a decir, aunque se enfade Kiko Argüello, es que para mí el Camino ha nacido en Barcelona. Y lo repito, ¡eh!, para mí el Camino ha nacido en Barcelona.

Me emocionaba ayer, porque ya solamente estar en Barcelona a mí me produce emoción. Porque me hace presente la historia y que la Pascua me encontró a mí por primera vez en Barcelona. Y me abrió las puertas de par en par a una salida, a un éxodo. Yo he vivido aquí en Barcelona la primera Pascua de mi vida hecha carne en mi propia historia.

Para mí el Tibidabo representa el monte Moria, donde yo tuve que sacrificar el Isaac de mi vida, que era el proyecto que yo tenía sobre mi vida de ser misionera en la India. Ya llevaba unos años preparándome en las Misioneras de Cristo Jesús en Javier, pues yo desde muy pequeña he tenido vocación misionera. Y cuando ya estaba a punto de embarcarme para la India en Londres, yo digo que tuve un «desvío aéreo». Y en lugar de ir a la India –porque antes de ir a la India había que estar en Londres para poder entrar ahí– tuve un aterrizaje forzoso en Barcelona. Yo no conocía Barcelona. En este aterrizaje forzoso en Barcelona …

185 Cf. Vol. 17, p. 99-104.

KIKO:

Explícalo, porque si no, no se entiende nada.

CARMEN:

¡Déjalo! Yo hablo simbólicamente. Aquí estuve yo un tiempo que fue para mí como subir al monte Moria con el Isaac, con la vocación, con el proyecto de mi vida de misionera, donde tuve que sacrificar esto y salir a lo desconocido, y entrar en el absurdo de algo que no conoces. Se levantó para mí la cruz. Tanto es así que yo he paseado mucho por Barcelona, viniendo del British, toda la Diagonal, bajaba por la Vía Layetana, entraba en la catedral, el claustro de la catedral, y en el Museo Marès, donde yo he paseado tanto, lloraba viendo los crucifijos del Museo Marès. Allí entendí yo de una manera existencial qué cosa era ser juzgado en nombre de la ley, y también comprendí lo que era la kenosis de Jesucristo.

Fueron para mí tiempos muy importantes. Y Dios quiso que en el Getsemaní de esta pasión que yo viví aquí en Barcelona, apareciera un ángel confortador, un catalán que se llamaba Pere Farnés, Padre Farnés, que, entonces joven, venía del Instituto de Pastoral de París, donde estaban los que en el fondo prepararon la renovación litúrgica del Concilio Vaticano II. Y a través de Mosén Farnés yo conocí toda la dinámica pascual que suponía la renovación litúrgica que el Concilio acuñó luego.

Por eso digo que el Camino ha nacido en Barcelona. El Camino ha nacido con la Pascua. Y lo que nos está acompañando en este Camino, como veréis, es esta mesa pascual, donde se levantan la copa y el pan, que es todo lo que significaba el seder pascual. Farnés venía fresco del Instituto de Pastoral de París, donde estaban todos los grandes liturgistas, que fueron a las fuentes y que prepararon toda la renovación del Concilio. E ir a las fuentes supuso ir a las raíces judías de nuestra eucaristía.

Porque Jesucristo dijo: «Con gran deseo he deseado celebrar esta Pascua con vosotros». Jesucristo ha pontificado dentro de un ritual judío.

Yo había sido siempre muy devota de la Eucaristía y nunca había dejado de comulgar por nada del mundo. Pero para mí era Jesucristo que venía a mi corazón, su presencia real y una gran consolación. Pero de ahí a pasar a lo que supone la dinámica pascual que hoy estamos viviendo después del Concilio, que es entrar en este pan que se rompe, comulgar con la muerte de Jesucristo y resucitar con Él en esta copa que se levanta ... «El que come mi carne y bebe mi sangre tiene vida eterna», todo este dinamismo pascual que nosotros llevamos hoy en las catequesis, y que estamos viviendo, y que nos ha acompañado durante todo el Camino; esta mesa, que dirá el Salmo: «¿podrá Dios poner una mesa en mitad del desierto?».

No quería hablar. Solamente deciros que el centro de toda la catequesis está hecha sobre esta Pascua. Porque con la Pascua, con hacer presente la Pascua tiene que venir por fuerza Abraham, la promesa. Y con la promesa viene toda la historia de salvación: el bajar a Egipto, el salir de Egipto, el Éxodo, la tierra prometida. O sea, todo, todo nace de la Pascua, el Camino, todas las primeras catequesis.

Y, aunque se enfade Kiko, esto para mí ha comenzado aquí en Barcelona. Por eso le digo yo que el Camino ha comenzado en Barcelona y luego es transportado a Madrid por Carmen Hernández. Yo, además, aquí en Barcelona con la salida de las Misioneras ... Que yo os digo que las Misioneras las tengo por santas porque ellas sufrieron casi más que yo para echarnos a un grupo. Porque antes del Concilio ya les parecía a ellas que Dios nos llamaba a algo más grande, y tenían razón. El otro día me ha escrito una amiga y me ha mandado a Roma una cosa que yo escribí aquí cuando salía, y decía – con las palabras de Rabindranath Tagore –, ¿cómo era, Kiko?

«Están rotas mis ataduras,
pagadas mis deudas.
Mis puertas de par en par,
me voy a todas partes».

Esto que yo lo escribí en Barcelona el año 1963 me lo ha mandado el otro día una amiga que dice: ¡cómo se ha cumplido en tu vida!: "Me voy a todas partes".

Bueno, luego yo me fui a Israel, y me embarqué también desde Barcelona. Un tiempo que fue muy importante para el Camino, y para mí también. Luego el Señor me hizo volver a Barcelona, donde tenía a mis amigas, que queríamos hacer como un tipo de congregación nueva, siempre entre chicas sólo. Estas, mientras yo estaba en Israel, se me habían ido a Madrid, sitio al que yo no quería ir de ninguna manera, porque ahí estaba mi familia que me perseguía: "Esta, ¿qué hace por ahí?". Y tuve que ir a Madrid, que era el único sitio del mundo donde yo no quería ir.

Pero Dios me cerró todas las puertas por todas partes y tuve que ir a Madrid a conocer allí a Kiko Argüello y allí le serví yo en bandeja la pascua judía. Y el Concilio Vaticano II que yo había encontrado aquí en Barcelona.

Una cosa es decirlo teóricamente y otra cosa es pasar por una kenosis profunda para encontrarle, y cómo el Señor nos levanta a una resurrección y a una exaltación.

Para entender toda la dinámica pascual no sirven las lecciones. Yo he visto que mucha gente ha escuchado a Farnés en los institutos y en sus conferencias, y no ha tenido ese movimiento pascual que ha conseguido el Señor por medio de nosotros. Y cómo Kiko luego, como buen artista, él –que era un cursillista–, salió también de su visión estática de la eucaristía a una visión dinámica pascual que se encarnó allí en las barracas de Palomeras de Madrid, que luego selló el mismo Morcillo presidiendo con nosotros. Y ya era un milagro que Morcillo, arzobispo en aquellos tiempos de Madrid, nos concediera a nosotros comulgar con el pan y con el vino, que no dejaba ni a las monjas …

O sea que mediante la presencia de Morcillo en las barracas de Madrid, él quiso que toda esta renovación que suponía el Concilio Vaticano II a través de la dinámica de la Pascua fuera llevada a las parroquias, un sitio donde yo nunca hubiera ido, porque yo estaba siempre programada para ir a las misiones. Y Kiko Argüello como artista no sabía ni qué era una parroquia tampoco. Y así nos vemos ahora de parroquia en parroquia, y lo que estamos llevando no es el kikianismo, por mucho que quieran hacer o decir aquí «los kikos», sino que es el Concilio, la Iglesia, la renovación conciliar en la Iglesia.

El año pasado celebramos la Pascua en la catedral de Madrid. Nos decía el liturgista de la catedral: el jueves santo se llena, el viernes también y la noche de Pascua la catedral está vacía. O sea, la renovación pascual de la noche de Pascua todavía no ha llegado a la Iglesia. Estamos en plena obra de llevar la renovación del Concilio Vaticano II dentro de la Iglesia.

Yo os dejo que Kiko cante el Exultet. La Pascua, la noche de Pascua, era la única fiesta que tuvo la Iglesia primitiva. Y el resplandor, la exultación enorme de la glorificación de Jesucristo. No solamente ha muerto, no solamente ha resucitado de la muerte con la tumba vacía. ¡Él ha sido levantado en alto este Viernes Santo que ha conocido Jerusalén!, levantado en alto en la cruz –que emociona ver desde Jerusalén cómo el árbol de la vida se vio en la cruz de Jesucristo– y su elevación y su entrada gloriosa en el cielo. O sea, la glorificación del hombre, de nosotros mismos entrando en la divinidad y el envío del Espíritu Santo que forma la Iglesia. La Iglesia primitiva conoció estos hechos y los vivió.

«Ha llegado el momento de mi Pascua, de pasar de este mundo a mi Padre». Y de este paso de Jesucristo a su Padre ha dejado un memorial, que no es una memoria, sino que es una forma de actualización de estos hechos para que se realicen en nosotros, y podamos con Él ser levantados y glorificados y salir de nuestro Egipto y de nuestras muertes, de nuestras angustias a vivir con Él, Él la Pascua.

Por eso no es que nosotros vamos a la Pascua, sino que la Pascua viene a nosotros hoy, a llamarnos y a sacarnos de nuestras angustias de la oscuridad. Por eso la noche de Pascua iniciará siempre con encender una luz.

Esta semana en que estábamos haciendo aquí los escrutinios, antes de irnos a Madrid fuimos a ver una película, que os la recomiendo como preparación a la Pascua, que es La lista de Schindler. Que ha hecho Spielberg, llevando el holocausto judío al cine. Dice la crítica: "Nos encontramos ante la gran película de este año". Y La Vanguardia dice que este Spielberg es el más taquillero de todos y que sigue la luz de su conciencia. Y El País dice: "Su enorme duración no cansa, descansa, estamos ante una obra maestra. Spielberg logra una película ejemplar, apasionante y memorable". Ya es difícil hoy ver una película buena, ¡eh!, y que salgas del cine con ganas de ser bueno.

Os digo esto porque Auschwitz está muy cerca de Egipto. Cómo este pueblo que Dios ha elegido, de esclavos, vive en la historia casi con una sola única misión: ha estado siempre, siempre, perseguido. Y es impresionante –tiene escenas maravillosas esta película– el encender la luz. Cómo en medio de tantas persecuciones, que quitan el sentido a la historia y a la vida de cada hombre, este pueblo sabe que aún en medio de los guetos y de las persecuciones de Auschwitz y de todo, son capaces de encender una luz. Y es porque ellos mismos, su historia, han nacido como pueblo saliendo de la esclavitud más espantosa y del Faraón más oprimente que pueda haber en la historia.

Por eso, ahora ya dejo a Kiko que cante el pregón pascual, que es nada más que encender la luz con lo que empieza el rito de la Pascua. El cirio representará esta luz, y esta luz que será Jesucristo hará aplicar a toda la historia todo lo que supone este ritual de Pascua, que el pueblo de Israel celebra de generación en generación.

Jesús les dirá –cogiendo el pan– este ya no es el pan para vosotros de la salida de Egipto, este es mi Cuerpo que se rompe por vosotros, esta es mi muerte que entra en la muerte. Y cogiendo la copa de la liberación, como hace el pueblo judío que pasa de esta esclavitud –que significa el pan– a esta copa de la alianza, Jesucristo dirá: "Esta es la alianza en mi Sangre que será derramada por vosotros"…

Por eso la Eucaristía celebra la Pascua, y dentro de la noche de la Pascua, la Eucaristía tiene una plenitud muy grande, porque todas las "eucaristías" de todo el año y de todas nuestras misas beben de esta noche de Pascua que es completa. Porque no solamente están estos signos del pan y del vino, está la Vigilia, toda una noche de expectación llena de esperanza al abrirse esta brecha de salida de la muerte que supuso la salida de Egipto, de la esclavitud.

Y van por un camino donde en el centro del desierto estará el Sinaí, y contemplarán la voz de Dios que mandará diez palabras, como si fueran los cimientos de toda civilización humana llamada al amor. Por eso, detrás del pueblo judío sale la humanidad entera a buscar el destino de la historia y del hombre, que es el amor, y que es el fundamento de toda civilización.

No me quiero extender porque quiero dejar a Kiko. Solamente os digo que es muy importante también la preparación. Ellos se liberan de toda levadura de malicia, que dirá san Pablo: "quitaos la levadura de la malicia". Por eso el pan ácimo. Y hacen una búsqueda de los jametz, los jametz para ellos es el pan con levadura. Y es porque la levadura simboliza en estos jametz el instinto del mal. Y eliminarlo significa una purificación

Os leo una cosa que dice Filón de Alejandría; él asimilaba el fermento a la vanidad. Dice: "La vanidad, análoga al fermentarse del pan con levadura". Esto concuerda con una interpretación del Éxodo, que es como una lucha entre el Faraón —un hombre que se considera divino, que se cree dios— y el Señor que es realmente Dios. Dice que esta búsqueda de los jametz es buscar la levadura y es buscar esa parte de arrogancia del Faraón que hay dentro de nosotros, de creernos dios.

Ellos hacen una limpieza. Es hasta tiempo de hacer una limpieza de primavera de toda la casa, porque es un rito muy simbólico de buscar. No puede quedar en la casa nada que sea fermentado, nada que siembre corrupción, porque va a empezar todo nuevo, todo absolutamente nuevo. Hacen una limpieza de la casa enorme y aún hacen un rito a la luz de la candela para buscar todo lo que esté fermentado. Por eso dirá san Pablo: "libraos de la levadura vieja de la malicia y con ácimos nuevos de sinceridad entremos en la Pascua". Porque Cristo será nuestra Pascua.

Bueno. El Camino catecumenal ha nacido en Barcelona, ¡eh! Decídselo a Kiko.

Nube de palabras

"Nube de Palabras", generado por la cantidad de palabras que Carmen utilizó en sus cuadernos, diarios y agendas de los años 1961-1964 (cf. Vol. 30).

ISBN: 978-84-330-3191-4
Páginas: 144
Encuadernación: Rústica con solapas
Formato : 15,5 x 21,5 cm
Edición: 3ª

Carmen Hernández

Alfonso V. Carrascosa, Raúl Orozco (Editores)

La necesidad de la oración en el pensamiento de Pío XII

Carmen Hernández, iniciadora del Camino Neocatecumenal junto a Kiko Argüello, nació en Ólvega (Soria) el 24 de noviembre de 1930. Fue la quinta de nueve hermanos y vivió su infancia y juventud en Tudela (Navarra). En 1954 obtiene la licenciatura en Químicas en Madrid. Siguiendo la vocación misionera que había sentido desde pequeña, decide ingresar en el Instituto de Misioneras de Cristo Jesús. En 1960 se diploma en Ciencias Sagradas por el Instituto Sedes Sapientiae de Valencia. Tras su estancia en Londres formándose para ir a la misión a la India, vuelve a Barcelona, donde conoce al joven profesor de liturgia Pedro Farnés, quien la introduce en las fuentes pascuales de la Eucaristía. Desde mediados de 1963 hasta mediados de 1964, recorre Tierra Santa conociendo los Santos Lugares. A su regreso a Madrid comienza a trabajar en las barracas de Palomeras Altas, donde conoce a Kiko Argüello. En medio de los pobres nace la primera comunidad neocatecumenal, gracias a la fuerza del Misterio Pascual y de la predicación del Kerigma. Fallece el 19 de julio de 2016, en Madrid, a los 85 años de edad.

El pasado 19 de julio de 2021 tuvo lugar la petición de apertura de la causa de beatificación de Carmen durante la celebración de la Eucaristía presidida por el Arzobispo de Madrid, D. Carlos Osoro Sierra, en la Catedral Santa María la Real de la Almudena.